Niveau

LITTÉRATURE
PROGRESSIVE
DU FRANÇAIS

avec 600 activités

Nicole **B**londeau, Université de Paris 8
Ferroudja **A**llouache, professeur de lettres modernes et de FLE
Marie-**F**rançoise **N**é, Alliance française de Paris

CLE
INTERNATIONAL

MW00344048

CRÉDITS PHOTOGRAPHIQUES

Direction éditoriale : Michèle Grandmangin
Édition : Bernard Delcord
Maquette : Télémaque
Mise en page : CGI
Iconographie : Fabrice Lucas

© CLE International - 2004
ISBN : 209-033884-9

Avant-Propos

Un enseignement de langue qui ferait l'impasse sur la littérature me paraît être un barbarisme.
Harald Weinrich

Cet ouvrage, au niveau élémentaire, réinstaure la littérature parmi les supports d'apprentissage de langue et de culture étrangères. Ce n'est pas une place en soi ni à part qui lui est accordée, mais une place légitime parmi tous les discours socialement produits servant de matériaux pédagogiques.

Spécificité de la littérature :
À la différence de certains documents authentiques, le texte littéraire n'est pas périssable. S'y expriment les aspirations pérennes des humains, échos se répondant de siècle en siècle, l'expérience subjective du monde, le rapport singulier au langage, aux savoirs constitués, aux codes sociaux, aux représentations des autres et de soi-même. C'est l'un des moyens d'accès à la compréhension de formes culturelles différentes. L'autre spécificité du texte littéraire est sa littérarité, c'est-à-dire le fait qu'il supporte une multiplicité d'interprétations (ce qui ne signifie pas que toute interprétation soit possible !). À chacun de l'investir en fonction de ses compétences culturelles, linguistiques, de ses pratiques de lecture, de sa sensibilité et de sa fantaisie. C'est dans la littérature aussi que se révèlent les infinies potentialités de la langue.

Le niveau :
L'ouvrage s'adresse à un public d'étudiants en fin de niveau I, c'est-à-dire ayant suivi 100 à 150 heures d'enseignement de français.

Les textes :
Ils appartiennent, pour la plupart, au patrimoine littéraire français, concernent tous les genres et sont connus de la majorité des élèves parvenus à la fin du lycée. Ce sont des « classiques ». D'autres font partie de la littérature francophone ; d'autres encore témoignent d'évolutions récentes de l'écriture romanesque.

Le corrigé :
C'est un guide pour l'utilisateur et non une référence absolue.

Nos choix :
– Nous avons féminisé quelques noms (*auteure, écrivaine, professeure*), comme le Québec le fait déjà depuis de nombreuses années.
– Aucun passage n'a été éliminé à l'intérieur des extraits choisis.
– Nous n'avons pas donné de titre aux extraits : choisir un titre, c'est déjà imposer une orientation de lecture. Pour les poèmes sans titre, nous avons adopté le premier vers. Dans ce cas, aucun travail n'est demandé sur le « titre » retenu.
– Les numéros de siècle sont écrits en chiffres romains, comme dans toute anthologie de littérature.
– Dans la partie « Pour mieux comprendre », l'explication des mots est celle qui est portée par le texte, à quelques exceptions près, où le sens littéral et le sens spécifique dans le contexte sont donnés.
– Aucun exercice de grammaire ou de vocabulaire n'accompagne les activités pédagogiques. La littérature n'est pas un prétexte à ce type de travail. La norme grammaticale est parfois impuissante à exprimer une pensée singulière :

l'auteur joue souvent sur les écarts par rapport aux modèles. En revanche, la grammaire et le lexique sont interrogés lorsqu'ils révèlent une intention particulière de l'auteur, participant ainsi de la spécificité du texte.

Nos présupposés pédagogiques :

– Le premier concerne la nécessité de prendre conscience de l'idée que nous, enseignants, nous nous faisons de la littérature. À quel degré, dans la hiérarchie des disciplines scolaires, la plaçons-nous ? Comment sommes-nous parvenus à cette sensibilité aux textes, qui nous semble désormais spontanée ? Le rapport aux objets culturels est socialement construit. Il n'y a pas de sensibilité innée à la beauté de la littérature. La culture cultivée s'acquiert par apprentissage. Les nombreuses médiations, explicitations, mises en lien et en perspective donnent la clé du code d'accès à une compréhension pertinente de l'œuvre. C'est le rôle des enseignants de transmettre cette clé. Il s'agit donc de désacraliser la littérature, en particulier pour tous ceux qui ne se sentent pas autorisés à la fréquenter. Mais désacraliser ne signifie pas banaliser, car aucun texte littéraire n'est réductible à un tract politique, une recette de cuisine ou une publicité.

– Le second point concerne ce que nous attendons des étudiants. Nous connaissons le « sens » du texte, ou du moins nous savons quel sens lui est généralement accordé. C'est ce sens que nous voulons transmettre, que nous voulons que les étudiants atteignent. Or, pour celui qui apprend, le sens ne se donne pas, il se construit, s'élabore par tâtonnements successifs, en liant les indices, en croisant les données, en s'engageant sur de fausses pistes qui, même si elles nous semblent erronées, n'en sont pas moins des traces de cette élaboration de sens. C'est un passage obligé avant de parvenir à s'approprier le texte.

– Le troisième point intéresse les objectifs assignés, plus ou moins consciemment, à l'utilisation du texte littéraire en classe de langue : ils visent soit l'enseignement de la littérature (et alors la focalisation se fait sur le sens, les idées, les figures rhétoriques…), soit l'enseignement de la langue (et dans ce cas, la focalisation se fait sur le vocabulaire, la grammaire…). Pour nous, le texte littéraire est un support d'apprentissages multiples où les opérations discursives qui l'ordonnent, l'organisation sémantique et grammaticale, la prosodie… produisent un discours unique qui doit être saisi dans sa singularité. Le travail proposé dans ce manuel accompagne l'étudiant dans la reconnaissance de cette singularité, dans la construction de sens plutôt que la recherche d'un sens. À des degrés divers, ce sont les différentes composantes de l'écrit qui vont être interrogées, mobilisées et non une en particulier.

– À un niveau élémentaire, le choix des textes est périlleux : quels sont les critères objectifs qui déterminent la plus ou moins grande facilité d'un écrit ? Est-ce le lexique, les structures grammaticales, le cadre référentiel, les thèmes, la date d'écriture… ? La chantefable *Aucassin et Nicolette* (Moyen Âge) ou le poème de Marot (XVIe) sont accessibles malgré les siècles de distance. Le passage de Sarraute (XXe) présenté dans ce manuel paraît « simple » : répliques relativement courtes, répétitions, lexique restreint ; cependant, l'idée d'incommunicabilité entre les humains que sous-tend le texte est complexe.

– A contrario, le passage de Quignard (XXe) peut être jugé difficile : un seul paragraphe, phrases parfois longues, mots pris dans un sens spécifique, période historique éloignée… ; mais le début du texte présente le personnage et des indices de lieu et de temps permettent de reconstituer son itinéraire biographique, travail à la portée de tout étudiant. L'un des critères du choix des textes était cette possibilité de reconnaissance, d'appui, offerte à la plupart des lecteurs. Sur un autre plan, le texte n'est pas seul : la biographie, l'explication des mots, le chapeau, les reformulations à l'intérieur des questions, sont autant d'outils facilitant l'entrée dans l'écrit.

Notre pacte pédagogique :
– Faire confiance aux étudiants : même si leur niveau de langue n'est pas encore adapté aux difficultés des textes, leur expérience du monde, leurs compétences de lecteurs en langue maternelle sont transférables à l'écrit étranger. Le texte préserve ainsi « ses droits » et l'étudiant, son statut de lecteur. Il ne s'agit pas d'attendre que l'apprenant atteigne un niveau de maîtrise de la langue lui permettant de comprendre immédiatement le texte : ce dernier sert aussi à développer des compétences de compréhension et d'expression.
– Mettre les étudiants en confiance : des questions rituelles d'observation, de repérage, de reconnaissance des genres, d'incitation à émettre des hypothèses, à imaginer une histoire permettent en général au lecteur étranger de répondre, d'avoir « quelque chose à dire ». Il est déjà « en prise » avec le texte.
– Accepter la paraphrase (comme nous le faisons dans certaines questions), qui est un indice de l'appropriation du texte par l'étudiant.
– Accueillir les interprétations des étudiants sans les évaluer négativement même si elles ne correspondent pas à ce que le professeur attend. Elles témoignent de l'activité du récepteur qui s'accapare l'écrit. Les lectures insolites viennent parfois de prismes socio-culturels. Il s'agit d'analyser ces représentations pour opérer le passage à celles présentes dans le texte.
– Reconnaître les valeurs du passé simple, temps verbal utilisé dans de nombreux textes littéraires, ou de l'imparfait, sans qu'il soit nécessaire d'en apprendre les formes. La connaissance fine de la valeur des temps verbaux n'est pas un pré-requis. Elle se construit peu à peu, au cours de la fréquentation des textes.

Les objectifs :
– Ils visent l'amélioration de la langue (compréhension et expression), l'acquisition de connaissances littéraires, l'accès à une culture, la construction d'une perception esthétique.
– Ils s'attachent au développement de compétences lectorales.
– Ils permettent un travail sur la justification, l'explication.
– Ils favorisent l'expression et la confrontation des idées et des goûts.
– Ils ont pour ambition de donner le plaisir de lire.
Le texte littéraire est un espace à explorer, générateur de sensations, de réflexions sur soi, sur l'autre, sur la langue à maîtriser. C'est une approche sensible qui, dans un premier temps, est privilégiée : elle laisse la place aux réactions personnelles, à l'effet que le texte produit sur le lecteur ; elle diffère la recherche immédiate et parfois décourageante du sens, mais y participe de manière détournée. L'entrée dans l'écrit est ensuite cadrée par des « procédures réglées ».

La progression :

Elle est laissée à l'appréciation des enseignants et ne dépend pas de la présentation chronologique. Le choix d'un texte doit tenir compte des étudiants, de leur âge, de leurs intérêts aussi et ne repose pas uniquement sur leurs acquis linguistiques. En début d'utilisation du manuel, le professeur saura reconnaître les textes ou les documents (tableau des œuvres de Zola, Balzac, Proust, pochoir, première de couverture...) qui correspondent le mieux aux compétences de son public.

La démarche :

Axes généraux

La démarche est ancrée dans le texte et dépend de lui : il n'y a donc pas de démarche systématique.

Cependant, des axes peuvent être dégagés :

– Il s'agit de privilégier la découverte, l'interrogation, la réflexion. Ce n'est pas une compréhension parfaite qui est visée mais il n'est pas non plus question que de compréhension globale puisque des faits de langue, des écarts par rapport à la norme, des mouvements discursifs ou des jeux poétiques sont analysés.

– La première lecture doit être silencieuse : l'étudiant est seul face aux bruissements du texte.

Il est important de lui laisser le temps de ressentir l'effet que produit l'écrit. Il n'y a pas d'obligation de respecter une lecture linéaire : elle peut être vagabonde, s'accrocher à des mots, des fragments qui font naître des sensations, des images, des questions. L'étudiant peut balayer l'aire scripturale, récolter ce qu'il peut ou ce qu'il veut pour construire son propre parcours de lecture.

– La lecture de la biographie n'est pas le premier passage obligé. Mieux vaut choisir, d'emblée, le texte et son entourage, afin de ne pas induire d'interprétations en fonction des éléments biographiques. Cependant, certaines questions portent sur les biographies ou sur la présentation des siècles afin que les lecteurs retrouvent des références, des renseignements de type socio-culturel éclairant les textes et qui lui font défaut à ce stade d'apprentissage.

– Lorsqu'arrive le moment de la mise en commun des réactions face au texte, les interactions dans la classe participent à l'élaboration des sens pluriels du texte.

Accompagnement pédagogique

Première étape : découverte

C'est la première rencontre avec le texte. Elle peut se faire sans le lire, seulement en regardant sa composition, la typographie, la ponctuation, les fractures, les entailles, ce qui rompt avec la linéarité du continuum linguistique, en repérant des fragments. L'image du texte, son organisation, est porteuse de sens.

Élaborer des hypothèses sur le type d'écrit proposé, sur ses thèmes possibles, sur l'intrigue, c'est créer un horizon de lecture, une attente. Le travail sur le paratexte est important : les indices qu'il livre apportent des éléments de reconnaissance, orientent la lecture, ancrent l'œuvre dans un contexte.

Cette première étape s'effectue principalement à l'oral. Le travail en groupe peut se révéler efficace et stimulant.

Deuxième étape : exploration

C'est la confrontation avec le texte.

– Les tâches à effectuer : « repérer, observer, noter, relever, souligner » rendent l'élève actif face à l'écrit. Il n'attend pas que le sens se donne (ou que l'enseignant le lui suggère), il l'élabore par tâtonnements, en liant les indices, en croisant les données. Ces tâches ne se réduisent pas à des mécanismes, mais aident à construire du sens. On ne relève pas un seul mot, mais aussi son entourage, même si celui-ci ne fait pas l'objet d'interrogation. On est déjà dans la lecture.

– Pour faciliter la compréhension, beaucoup de termes sont expliqués dans les questions elles-mêmes. Des reformulations élucident certains passages jugés difficiles. Notre volonté est d'accompagner l'étudiant dans sa lecture et non de le mettre en difficulté afin que la littérature reste ce qu'elle est : un plaisir.

– Le texte littéraire est aussi un support de communication et un déclencheur de besoin de langage : les étudiants comprennent souvent ce qui est écrit mais ne disposent pas des formes linguistiques ni du vocabulaire pour exprimer leur pensée. Le fait que le professeur apporte ce dont ils ont besoin « en contexte » aide à l'expression et facilite la mémorisation.

– Le lecteur est sans cesse sollicité sur ce qu'il pense, ce qu'il ressent. En fonction du texte, des liens, des comparaisons sont établis avec sa culture.

– La dernière question articule lecture et production ou propose une réflexion ouverte à partir du texte. Cette option n'est pas systématique. Quelquefois l'étudiant est renvoyé au silence du texte, à lui-même…

La littérature est un carrefour d'interculturalité : elle confronte le lecteur à des valeurs, des croyances qui ne lui sont pas toujours familières. Les voix contradictoires qui s'y expriment permettent d'échapper à l'enfermement d'une vision exclusive du monde. Cet ouvrage se veut donc aussi, pour l'étudiant, outil d'apprentissage d'une libre pensée.

Les auteures.

Sommaire

8

Le Moyen Âge

Le Moyen Âge littéraire s'étend du XIIe siècle à la fin du XVe siècle.

Aux XIIe et XIIIe siècles, la monarchie s'impose. La construction de Notre-Dame de Paris commence en 1163, la Sorbonne est créée en 1257. De grands malheurs arrivent pendant les XIVe et XVe siècles : la peste, la guerre de Cent ans contre les Anglais, des révoltes dans les villes et les campagnes…

Les institutions reposent sur la féodalité : un contrat entre le suzerain (le seigneur qui est au-dessus des autres) et son vassal, basé sur l'échange des services.

La France a plusieurs langues : les religieux et les lettrés utilisent le latin ; la langue d'oc est parlée au sud, la langue d'oïl au nord. Pour des raisons politiques, la langue d'oïl va dominer et devenir le français.

■■■■■■■ LES GENRES LITTÉRAIRES

■ Le théâtre

À partir du Xe siècle, des passages de la Bible sont représentés dans les églises, puis dans la rue. Ensuite, on y ajoute des pièces drôles, non religieuses.

■ Les récits légendaires

Ils s'inspirent de l'Histoire de France, de l'Antiquité, des contes celtiques (Bretagne). Ils sont écrits en roman, la langue populaire.

• Les chansons de geste sont de longs poèmes qui racontent les combats des chevaliers. *La Chanson de Roland* (vers 1070) parle de l'empereur Charlemagne et de sa lutte contre les Sarrasins.

• Les aventures du roi Arthur et des chevaliers de la table ronde sont des légendes qui viennent de Bretagne. L'amour impossible de *Tristan et Yseut* fait partie de ces récits. Chrétien de Troyes (1135 ?-1190 ?) les adapte à l'idéal de la chevalerie (le chevalier est au service de son seigneur) et de l'amour courtois (le chevalier obéit à sa Dame) et les christianise. Marie de France s'inspire de ces contes pour composer ses poèmes.

■ Les récits satiriques et moraux

Ils sont réalistes, vulgaires et critiques.

• *Le Roman de Renart* (fin du XIIe siècle) décrit un monde animal qui ressemble à celui des humains.

• Les fabliaux (XIIIe-XIVe siècles) sont de courts récits comiques.

■ La poésie

• *Le Roman de la Rose* est un long poème basé sur l'amour courtois, où l'Amant séduit sa Dame, symbolisée par une rose.

• La poésie lyrique, influencée par les cultures chrétienne, arabe et juive de l'Espagne, est chantée par les troubadours. Au XIIIe siècle, Rutebebeuf unit réalisme et lyrisme personnel. Guillaume de Machaut, (XIVe siècle) crée des « poèmes à forme fixe » : ballades, rondeaux, lais, repris par Christine de Pisan, Charles d'Orléans et François Villon.

■ Les chroniques

Ce sont des témoignages sur les évènements contemporains. Ils racontent les croisades, l'histoire des rois de France, les guerres d'Europe.

Aucassin et Nicolette

Aucassin et Nicolette

L'auteur de ce texte du XIIᵉ/XIIIᵉ siècle est inconnu. De nombreuses œuvres du Moyen Âge restent anonymes. *Aucassin et Nicolette* est le récit en 41 parties des amours contrariées du comte Aucassin pour la belle et courageuse sarrasine Nicolette, enlevée puis adoptée par un vicomte français. Les deux amoureux sont d'origines différentes : l'un est noble et chrétien et l'autre une esclave venant d'Arabie (en réalité fille du roi de Carthage). Le père d'Aucassin, le comte de Beaucaire, interdit à son fils d'épouser une esclave et veut l'envoyer à la guerre. Aucassin refuse. Ils vont vivre plusieurs séparations, la prison, la fuite, les voyages pour enfin se marier malgré l'opposition de la société.

Ce récit s'appelle une « *chantefable* », genre littéraire unique dans la littérature du Moyen Âge : des parties chantées en vers alternent avec des parties en prose. L'auteur compose une poésie élégante et lyrique et se moque des romans courtois comme *Le roman du roi Arthur*.

XXVII
CHANTÉ

Aucassin le beau, le blond,
le noble et l'amoureux,
est sorti du bois profond,
son amour entre ses bras,
devant lui, sur l'arçon de sa selle.   5
Il la baise sur les yeux, le front,
la bouche et le menton.
Elle l'a interrogé :
« Aucassin, mon ami très cher,
en quel pays nous en irons-nous ?   10
— Ma douce amie, comment le savoir ?
Peu m'importe où nous allions,
dans une forêt ou en un lieu écarté,
pourvu que je sois avec vous. »
Ils passent les vallées et les monts,   15
les villes et les bourgs.
Au jour, ils atteignirent la mer
et descendirent sur le sable
    le long du rivage.

Aucassin et Nicolette, chantefable en prose et en vers (XIIᵉ/XIIIᵉ siècle), traduction en français moderne de Jean Dufournet, Paris, Garnier Flammarion, 1973.

Pour mieux comprendre

Noble : être noble de naissance : être un seigneur (comte, baron…), faire partie d'une classe sociale très élevée ; avoir le cœur noble : être généreux, avoir des qualités morales.

Un bois, une forêt : un espace naturel avec des arbres.

L'arçon de sa selle : une partie arrondie à l'avant de **la selle** : le siège en cuir, placé sur le dos d'un cheval.

Baise : v. *baiser quelqu'un*, sens du Moyen Âge : donner un baiser, embrasser quelqu'un. Ce verbe a un sens très vulgaire aujourd'hui.

Un(e) ami(e) : au Moyen Âge, c'est la personne que l'on aime, son amour.

Nous en irons-nous : v. *s'en aller*, futur : nous partirons.

Peu m'importe : cela n'a pas d'importance pour moi.

Un lieu écarté : un endroit loin de tout.

Pourvu que je sois avec vous : j'espère (à condition de) être avec vous.

Atteignirent : passé simple du v. *atteindre*. Ils ont atteint, ils sont arrivés.

Le rivage : le bord de la mer, la plage.

Découverte

1 Ce texte date du XIIe/XIIIe siècle. C'est le Moyen Âge en France. Lisez le panorama historique de cette période. À la même époque, que se passait-il dans votre pays ? Quels genres de textes écrivait-on ? Quels récits racontait-on ?

2 Lisez les références en bas du texte. Donnez le titre du livre et son genre littéraire. Pourquoi le livre est-il traduit ?

3 Lisez la présentation du livre à gauche du texte. Dites avec précision quelles sont les spécificités d'une chantefable. Citez les œuvres écrites au Moyen Âge de cette manière.

4 Vous connaissez maintenant ce genre littéraire du Moyen Âge. Regardez le haut du texte. À quelle partie sommes-nous ? Quelle est la particularité de ce passage ?

Exploration

1 Lisez le texte. Analysez les formes spécifiques de ce passage qui est une chantefable (disposition, longueur des phrases, répétition des sons à la fin des phrases, ponctuation). Donnez des exemples dans le texte. Comment est présentée la dernière ligne ?

....

2 Relisez la première phrase de la chantefable. Comment s'appelle le personnage masculin ? Présentez ses caractéristiques physiques, morales. Que fait-il ?

....

3 Au vers 8, qui est « Elle » ? À l'aide de la présentation du livre, dites tout ce que vous savez sur ce personnage féminin. Pourquoi les deux jeunes gens ne peuvent-ils pas s'aimer ?

....

4 Vers 6 et 7 : comment le jeune homme montre-t-il son amour à sa bien-aimée ? Par quel verbe cet amour est-il exprimé (regardez « Pour mieux comprendre ») ? Que signifiait ce verbe au Moyen Âge ? Dans quel registre de langue est-il utilisé aujourd'hui en français moderne ?

....

5 Soulignez le passage où les deux jeunes gens se parlent. Quels mots tendres utilisent-ils ? Que demande la jeune femme à son amoureux et que lui répond-il ? Qu'est-ce qui est le plus important pour le jeune homme ?

....

6 Au début du texte, où sont les deux amoureux ? Par quels lieux passent-ils ? À la fin du texte, où arrivent-ils ? Selon vous, que symbolise le lieu de leur arrivée ?

....

7 À votre avis, que va-t-il se passer ? Imaginez la suite des aventures des deux amoureux.

Seulette suis…

Christine de Pisan

(Pisano, Italie, vers 1364 – France, 1431)

Elle est, avec Marie de France (XIIᵉ siècle), la première femme écrivaine française.

Christine de Pisan arrive en France en 1368, avec son père, médecin et astrologue, appelé à la cour du roi Charles V. Son mari meurt lorsqu'elle a 25 ans. Seule, elle doit faire vivre sa famille (ses trois enfants, sa mère, sa nièce). Elle devient alors écrivain, métier exclusivement réservé aux hommes. Femme très cultivée, courageuse, elle participe à la vie politique du royaume. Elle écrit de nombreux livres de morale et de politique, *Livre du corps de Policie* (1408) et de poésie, *Cent ballades d'amant et de dame* (1390-1410). Dans l'*Épître au dieu d'amours* (1399), premier témoignage d'un engagement féministe, elle combat le mépris avec lequel les femmes sont traitées par Jean de Meun dans le *Roman de la Rose*. Retirée dans un couvent, elle écrit encore *Lamentation sur les maux de la guerre civile* (1420) et le *Dictié en l'honneur de la Pucelle* (1429), en hommage à Jeanne d'Arc.

Seulette suis et seulette veux être,
Seulette m'a mon doux ami laissée,
Seulette suis, sans compagnon ni maître,
Seulette suis, dolente et courroucée,
Seulette suis en langueur mesaisée, 5
Seulette suis, plus que nulle égarée,
Seulette suis, sans ami demeurée.

Seulette suis à huis ou à fenêtre,
Seulette suis en un anglet muciée,
Seulette suis pour moi de pleurs repaître, 10
Seulette suis, dolente ou apaisée ;
Seulette suis, rien n'est qui tant me siée
Seulette suis, en ma chambre enserrée,
Seulette suis, sans ami demeurée.

Seulette suis partout et en tout estre, 15
Seulette suis, ou je voise ou je siée,
Seulette suis plus qu'autre rien terrestre,
Seulette suis, de chacun délaissée,
Seulette suis, durement abaissée,
Seulette suis, souvent toute éplorée, 20
Seulette suis, sans ami demeurée.

Envoi

Prince, or est ma douleur commencée :
Seulette suis, de tout deuil menacée,
Seulette suis plus teinte que morée,
Seulette suis sans ami demeurée. 25

Christine de Pisan, *Cent ballades* (1394-1399).

Pour mieux comprendre

Laissée : quittée.

Un compagnon : la personne aimée avec laquelle on vit.

Dolente : qui est malheureuse ; qui souffre physiquement.

Courroucée : en colère.

En langueur mésaisée : une absence de vitalité, d'enthousiasme qui rend mal à l'aise, malheureux.

Égarée : perdue

Demeurée : restée.

Muciée : cachée.

Me siée : qui ne me plaît pas.

En tout estre : dans n'importe quel endroit.

Or : maintenant.

De tout deuil menacée : la douleur que l'on a peur de ressentir à la mort d'une personne aimée.

Suis plus teinte que morée : je suis plus triste, plus sombre, qu'une tenture noire (un tissu qui est sur les murs ou devant une porte, une fenêtre, au moment d'un deuil).

Découverte

1 Regardez le poème sans le lire. De combien de parties est-il composé ? Ces parties sont-elles toutes égales ?

2 Comment s'appelle la dernière strophe (partie) du poème ? Combien a-t-elle de vers (de lignes) ? À votre avis, à quoi sert-elle ? (une conclusion ? un passage adressé à quelqu'un en particulier ?...).

3 Soulignez le dernier vers de toutes les strophes. Que remarquez-vous ? En reprenant les réponses aux questions précédentes, dites comment se compose ce poème que l'on appelle une « ballade ».

4 Dans tout le texte, relevez les deux premiers mots de chaque vers. Quels sont les deux vers qui ne commencent pas de la même façon ? Où sont-ils situés ?

5 Qui a écrit ce poème et à quelle date ? Lisez la biographie de l'auteure. Où est-elle née ? Quelles sont les caractéristiques de cette femme ?

Exploration

Les questions ne concernent que la première strophe et l'envoi. Lisez ces passages.

1 « Seulette » : adjectif « seul » et suffixe « ette » qui veut dire « petite » et exprime un regard tendre. Quel regard la poétesse porte-t-elle sur sa situation en utilisant le mot « seulette » ?

....

2 Dans « Seulette suis », soulignez le son répété. Quel pronom personnel n'est pas employé ? Réécrivez la phrase en français moderne. Au Moyen Âge comme aujourd'hui, le sens est le même, mais la musique est différente. Comparez les deux phrases. Laquelle préférez-vous ?

....

3 Vers 2 : recherchez pourquoi la poétesse veut rester seule (« seulette veux être »). Dans le vers suivant, par quels mots est remplacé « ami » ? Quelles nouvelles informations ces mots donnent-ils sur l'« ami » et sur ses relations avec l'auteure ?

....

4 Aux vers 4, 5, 6, relevez les mots qui décrivent l'état de la poétesse. Ils expriment la tristesse, l'absence d'énergie, la souffrance, sauf un adjectif. Repérez-le. Quel sentiment nouveau exprime-t-il ?

....

5 L'envoi : à qui s'adresse Christine de Pisan ? Selon vous, qui est ce personnage ?

....

6 Quel mot évoque la douleur ? À quelle couleur renvoie l'expression : « plus teinte que morée » ? Que symbolise cette couleur en France et dans votre culture ?

....

7 À la manière de Christine de Pisan, composez à votre tour un poème de quelques vers qui commencent par un adjectif suivi de « suis ».

....

Le XVIe siècle

C'est le siècle de la Renaissance, de l'Humanisme et de la Réforme. La découverte des Nouveaux Mondes, les avancées scientifiques (Copernic, Ambroise Paré), le développement de l'imprimerie, la redécouverte de l'Antiquité, changent la conscience que l'homme a de sa place dans l'univers et dans l'histoire. François Ier (1515-1547), roi et mécène, favorise les Arts et les Lettres. Il fait venir d'Italie Léonard de Vinci, Le Titien, Le Primatice.

L'HUMANISME

C'est un mouvement intellectuel européen de retour à la culture antique. Des savants (Érasme, Guillaume Budé, Thomas More…) traduisent, analysent, diffusent les textes anciens. Ils questionnent les domaines politique, religieux, scientifique. Ils abandonnent l'enseignement du Moyen Âge, qui s'appuyait sur le commentaire des textes, et reviennent aux écrits originaux. Cette méthode s'applique aussi à la Bible, traduite en allemand par Luther et en français par Lefèvre d'Étaples (1530), qui veulent que le plus grand nombre de personnes la comprennent. Pour Calvin, seule la connaissance de la Bible permet de croire en Dieu. L'autorité de l'Église est donc inutile. Il crée une religion réformée (différente), le protestantisme, condamnée par l'Église catholique et les rois. Dès 1562, les guerres de religion déchirent la France. Elles se terminent en 1598 : le roi Henri IV publie une loi autorisant la liberté des croyances.

LES GENRES LITTÉRAIRES

La poésie

• Clément Marot (1496-1544) traduit Ovide et Pétrarque. Il passe des formes poétiques du Moyen Âge à celles de la Renaissance : épître, élégie, sonnet.

• L'École lyonnaise s'inspire de Pétrarque. Maurice Scève chante l'amour pur. Pour la poétesse Louise Labé, la femme souffre, mais elle désire aussi.

• La Pléiade est un groupe de poètes qui aime les lettres antiques et place la poésie au-dessus de tout. Dans *Défense et Illustration de la langue française* (1549), Du Bellay demande aux lettrés d'écrire en français et affirme que cette langue est capable de tout exprimer. Ronsard offre à la littérature ses plus beaux poèmes d'amour.

■ Les récits

• *Pantagruel*, *Gargantua* révèlent le génie de Rabelais. L'exagération comique ne fait pas oublier le projet de l'auteur : combattre l'obscurantisme et encourager l'idéal humaniste.

• L'*Heptaméron* (1559) de Marguerite de Navarre est un ensemble d'histoires emboîtées, inspiré du *Décaméron* de Boccace.

■ Les essais

• L'*Institution de la religion chrétienne* de Calvin défend la Réforme.

• Dans ses *Essais,* Montaigne interroge, avec une grande liberté d'esprit, l'humaine condition. « Je suis moi-même la matière de mon livre » écrit-il.

L'adieu envoyé aux dames de la Cour, au mois d'octobre mil cinq cent trente-sept

Clément Marot

(Cahors, 1496 – Turin, 1544)
Clément Marot est un poète de Cour d'abord au service de la sœur du roi François Ier, puis du roi lui-même. Il compose un poème, *Temple de Cupido*, à la gloire du roi, et des pièces racontant des événements importants de la Cour de France. En 1526, il est mis en prison parce qu'il a mangé du lard pendant le Carême. Là, il écrit *L'Enfer* et une *Épître au roi pour le délivrer de prison*. Il publie l'ensemble de son œuvre, *Adolescence clémentine*, en 1532. Accusé de sympathie avec la religion réformée qui veut revenir au texte de la Bible, il s'exile en Italie, compose des épîtres, traduit les *Psaumes* (1536). À son retour en France, la Sorbonne le condamne à cause de sa traduction qui sera adoptée par les Protestants. Il est obligé de partir pour Genève, puis Turin où il meurt en 1544. Il a permis le passage des formes poétiques du Moyen Âge (le rondeau, la ballade) à celles de la Renaissance (l'épître, l'élégie, le sonnet).

Adieu la Cour, adieu les Dames
Adieu les filles, et les femmes,
Adieu vous dis, pour quelque temps,
Adieu vos plaisants passetemps,
Adieu le bal, adieu la danse, 5
Adieu mesure, adieu cadence,
Tambourins, Hautbois, et Violons,
Puisqu'à la guerre nous allons.
Adieu donc les belles, adieu,
Adieu Cupido votre Dieu, 10
Adieu ses flèches, et flambeaux,
Adieu vos serviteurs tant beaux,
Tant polis, et tant damerets ;
O comment vous les traiterez
Ceux, qui vous servent à cette heure ! 15
(...)

Clément Marot : *Les Épîtres*, 23e, octobre 1537.

Pour mieux comprendre

Un adieu : se dit quand on quitte une personne pour longtemps ou pour toujours. Marot écrit ce poème à l'occasion du départ du roi François Ier et de ses hommes pour le Piémont (Italie).

Une Cour : le lieu où vit un roi, un prince et son entourage ; les gens qui y vivent (« vivre à la cour »).

Une dame : titre donné à une femme de noble naissance et qui a du pouvoir.

Un plaisant passetemps : une activité agréable (danse, chasse...).

Un bal : c'est le moment et le lieu où l'on danse.

Une mesure/une cadence : le rythme de la poésie, de la musique.

Un tambourin, un hautbois, un violon : trois instruments de musique.

Cupido : Cupidon est le Dieu de l'amour, fils de Vénus, représenté en petit garçon avec des flèches et un arc.

Un flambeau : un objet qui brûle et qui éclaire. Ici, c'est le symbole de la passion amoureuse.

Un serviteur : un homme qui sert une « Dame » avec gentillesse, affection et respect.

Tant : tellement.

Dameret : beau et gentil avec les femmes.

Traiterez (v. *traiter*) : prendre soin de quelqu'un.

Une épître : un poème argumentatif adressé à une personne précise.

Découverte

1 Dites ce que vous observez dans la présentation du texte.

2 Lisez seulement le titre : quelle est la date indiquée ? Quel est le roi de France à cette époque ? (Regardez « Pour mieux comprendre »).

3 Repérez le premier mot du titre et donnez son sens. Quelle remarque faites-vous avec l'ensemble du poème ?

4 À quelles personnes le poète écrit-il ? Où vivent-elles ? Auprès de qui ?

Exploration

1 Lisez le vers 1 : repérez les deux mots qui indiquent le lieu et les personnes. Pourquoi ont-ils une majuscule ? (Regardez « Pour mieux comprendre »).

....

2 Lisez le vers 2 : à quelles autres personnes le poète s'adresse-t-il ?

....

3 Lisez le poème. Soulignez le mot qui remplace « Dames ». Pourquoi le poète a-t-il choisi ce mot ?

....

4 Vers 3, dites si le poète part pour longtemps, pour toujours ou pour une durée indéterminée.

....

5 Vers 8 : où va le poète ? Part-il seul ? Expliquez votre réponse.

....

6 Vers 4 à 7 : à son départ, quels loisirs (distractions, jeux) et quelles activités pratiqués par les gens de la Cour le poète va-t-il quitter ? À votre avis, quels sont ses sentiments ?

....

7 Vers 10 et 12-13 : comment s'appelle le Dieu des Dames ? Que symbolise-t-il ? Le poète fait partie des serviteurs : comment sont-ils présentés ? À quoi doivent-ils tous aussi dire adieu ?

....

8 Vous quittez votre famille ou un(e) ami(e) : composez un poème en répétant « Adieu » à chaque début de vers comme Clément Marot.

Chanson

Pierre de Ronsard

(Château de la Possonnière, Vendômois, 1524 – Prieuré Saint-Cosme-lez-Tours, 1585)

C'est le « Prince des poètes » et le symbole de la Renaissance française pour sa poésie.

Il est né dans une famille noble. À douze ans, il devient page à la cour du dauphin, fils du roi François Iᵉʳ. Il voyage en Écosse, en Angleterre, en Flandre. En 1540, il séjourne chez son cousin, Lazare de Baïf, ambassadeur, érudit, humaniste, et développe son goût pour les lettres antiques. À Paris, il suit des cours au Collège de Coqueret où enseigne Dorat, professeur de langue et littérature grecques ; avec le poète Du Bellay et quelques autres, il forme le groupe de la Pléiade. *Les Amours* paraissent en 1552, sonnets célébrant Cassandre Salviati, fille d'un banquier de Florence. Tout au long de sa vie, Ronsard complètera ce recueil : la *Continuation des Amours* (1555), où il chante Marie, puis la *Nouvelle continuation des Amours* (1556), les *Sonnets pour Hélène* (1578)… D'une grande virtuosité, sa poésie, grave et émouvante, invite à profiter du temps présent, de la beauté et de l'amour.

Bon jour mon cœur, bon jour ma douce vie,
Bon jour mon œil, bon jour ma chère amie !
    Hé ! bon jour ma toute belle,
    Ma mignardise, bon jour,
    Mes délices, mon amour.   5
Mon doux printemps, ma douce fleur nouvelle,
Mon doux plaisir, ma douce colombelle,
    Mon passereau, ma gente tourterelle,
    Bon jour ma douce rebelle.
Je veux mourir, si plus on me reproche   10
Que mon service est plus froid qu'une roche,
    T'abandonnant, ma maîtresse,
    Pour aller suivre le Roi,
    Et chercher je ne sais quoi,
    Que le vulgaire appelle une largesse.   15
Plutôt périsse honneur, cour et richesse,
    Que pour les biens jamais je te relaisse,
    Ma douce et belle Déesse.

Ronsard, *Nouvelle continuation des Amours*, 1ʳᵉ partie, *Amours de Marie*, (1556).

Pour mieux comprendre

Doux, douce : gentil (le), tendre.

Une mignardise : une personne délicate, charmante et jolie.

Un délice : quelque chose ou quelqu'un qui donne beaucoup de plaisir et de joie.

Une colombelle : une colombe est un oiseau blanc, symbole de paix et de douceur. Ronsard invente le mot « colombelle » qui peut signifier « petite colombe ». Dans « colombelle », il y a « belle ».

Un passereau : c'est un moineau, un petit oiseau fragile.

Gent(e) : gracieux(se), gentil(le), joli(e).

Une tourterelle : un oiseau très doux, aux plumes grises, noires et blanches, qui ressemble à la colombe. Elle symbolise l'amour.

Un(e) rebelle : une personne qui n'accepte pas l'autorité, qui désobéit et qui se révolte.

Déesse : féminin de dieu. Dans le poème, on peut penser à Vénus ou Aphrodite qui symbolise l'amour.

Découverte

1 Lisez le titre ; qu'évoque-t-il pour vous ? A-t-il le même sens au XXIe siècle qu'au XVIe siècle ?

2 De quel recueil (livre) ce poème est-il extrait ? Quel en est le thème ? De qui est-il question ?

3 Regardez le poème et comptez les strophes et les vers qui les composent.

4 Observez la disposition des vers. Qu'évoque pour vous cette image du poème. (Impression de régularité, d'harmonie ou d'irrégularité, de discontinuité) ?

Exploration

1 Lisez la première strophe. Repérez les deux premiers mots. Comment cette expression est-elle écrite en français moderne ? L'orthographe du XVIe siècle donne le vrai sens de la formule de salutation que nous employons aujourd'hui. Quel est ce sens ?

....

2 Combien comptez-vous de « Bon jour » ? Où sont-ils placés dans la strophe ? Que signifient pour vous ces répétitions et leur place dans cette partie du poème ?

....

3 À qui le poète s'adresse-t-il ? Encadrez toutes les expressions qui désignent cette personne. Par quels mots grammaticaux commencent-elles ? Que disent ces mots sur la relation de Ronsard avec cette personne ?

....

4 Classez les expressions trouvées à la question 3 en fonction des entrées suivantes : le regard du poète, la beauté, la nature, le plaisir, l'affection, la jeunesse, la révolte. Faites un tableau.

....

5 Analysez le tableau. Quelle expression contient une opposition ? Que signifie-t-elle pour vous ? Quel adjectif, quelles idées se répètent ? Pour le poète, que représente la jeune fille : la douceur, la beauté, l'indépendance, la liberté, la soumission, plus que tout cela… ?

....

6 Relevez les rimes qui reviennent le plus souvent. Le son est-il ouvert ou fermé, doux ou dur, allongé ou court ? Quel rythme et quelle tonalité (musique) donne-t-il à la strophe ?

....

7 Deuxième strophe : repérez les trois premiers mots. En quoi s'opposent-t-ils à la strophe précédente ? Pourquoi le poète a-t-il ce désir ? (Pour vous aider, lisez les vers 12, 13, 14). Quel personnage s'oppose à « ma maîtresse » (la femme aimée) et pourquoi, à votre avis ?

....

8 Le poète abandonne l'honneur et la richesse que donne le roi et reste auprès de la femme qu'il aime. Lisez le dernier vers. Que représente maintenant la femme aimée pour Ronsard ?

....

9 Cherchez dans votre langue des poésies anciennes ou modernes qui chantent l'amour et les femmes. Comparez-les avec le texte de Ronsard.

LE XVIIᵉ siècle

Le XVIIᵉ siècle connaît beaucoup de problèmes : guerres de religion, famine, instabilité politique. Après l'assassinat d'Henri IV (1610), son épouse, Marie de Médicis, dirige le royaume. Son fils, Louis XIII, est roi (1617 à 1643) et nomme le cardinal Richelieu comme Conseiller, qui soutient le pouvoir royal. Louis XIV, le « Roi-Soleil », gouverne de 1661 à 1715. Pendant son règne, la France devient le pays le plus puissant d'Europe. C'est le succès de la monarchie absolue.
Trois mouvements marquent cette période : le baroque, la préciosité et le classicisme.

LE BAROQUE (en portugais, *barroco* signifie « perle irrégulière ») vient d'Italie et se développe en Europe. Il est utilisé d'abord en architecture : son art repose sur l'illusion, les transformations, le sentiment que tout est changement. Pour la littérature, *Les Tragiques* d'Agrippa d'Aubigné (1616) sont un exemple de ce mouvement : il décrit une vision tragique de la vie et de la mort. Les œuvres baroques ont un style orné, une langue riche en figures de style (métaphores, oppositions, symboles). La dimension comique, inspirée du *Don Quichotte* de Cervantes (traduit en 1614) a aussi son importance : on la retrouve dans les premières pièces de Corneille (*L'Illusion comique*, 1636, *Mélite*, 1629), dans *Le Roman comique* (1651-1655) de Scarron et dans l'*Histoire comique de Francion* (1623) de Charles Sorel. Tristan l'Hermite (*Les Amours de Tristan*, 1638) et Théophile de Viau écrivent une poésie tournée vers la nature où ils expriment la souffrance de l'amour.

LA PRÉCIOSITÉ se développe dans les salons de l'aristocratie et de la bourgeoisie (l'hôtel de la marquise de Rambouillet), en réaction à un mode de vie sans finesse. Elle se distingue par un langage recherché et la délicatesse dans l'expression des sentiments. Les femmes demandent plus d'indépendance et de liberté dans la relation amoureuse, défendent la bienséance (respect des règles de politesse). *L'Astrée* (1607-1627) d'Honoré d'Urfé, *Le grand Cyrus* (1649-1653), *Clélie* avec la « carte du tendre » (1554-1660) de Mᵉˡˡᵉ de Scudéry, sont représentatifs de ce mouvement. *La Princesse de Clèves* (1678), de Madame de La Fayette, fait le passage entre la Préciosité et le Classicisme.

████████ **LE CLASSICISME** est basé sur l'harmonie, l'équilibre, la raison et le respect des textes antiques. L'application des règles touche aussi la langue française : pour le grammairien Vaugelas, de l'Académie française, dans ses *Remarques sur la langue française* (1647), la langue parlée à la Cour du roi est adoptée comme référence : ce sera désormais le « bon usage ». L'*Art poétique* (1674) de Boileau, les *Dictionnaires* de Richelet (1680), de Furetière (1690) et de l'Académie (1694) participent à la recherche et à la conception des règles du français, dans la volonté de le rendre parfait.

■ Le théâtre

Le XVIIᵉ siècle représente l'âge d'or du théâtre. Les maîtres de la tragédie, Corneille (*Le Cid*, 1637 ; *Horace*, 1640) et Racine (*Andromaque*, 1667 ; *Iphigénie,* 1674) respectent la règle des trois unités (temps, lieu et action), symbole de la rigueur classique. La grandeur, la morale des héros cornéliens surmontent les situations difficiles, alors que le tragique fait souffrir les héros raciniens qui n'ont souvent qu'une solution : la mort. Maître de la comédie, Molière s'inspire des comiques latins (Plaute), de la *Commedia dell'arte* italienne, de la tradition de la farce (petite pièce drôle) pour mettre en scène des faits caractéristiques de la société : l'éducation des femmes (*L'École des femmes*, 1662), l'argent (*L'Avare*, 1668), la médecine (*Le Malade imaginaire*, 1673). Ses personnages doivent faire rire et réfléchir. L'art a un objectif moral : éduquer et distraire.

■ Les écrits moralistes

Les *Fables* de La Fontaine présentent des animaux ou des personnes pour dénoncer les vices de son temps, et les *Contes* de Perrault, de tradition orale, proposent plusieurs niveaux de lecture. La dimension morale tient un grand rôle.

La correspondance : les *Lettres* (publiées en 1726) de Madame de Sévigné décrivent la société de son époque et la manière de vivre à la Cour du roi.

La maxime : dans une écriture courte et précise, La Rochefoucauld (*Maximes*, 1665*)*, montre les défauts de l'être humain alors que La Bruyère (*Les Caractères*, 1688) analyse et décrit l'attitude des hommes et offre des portraits qui deviennent universels.

Les écrits philosophiques : le *Discours de la méthode* (1637) de Descartes s'appuie sur une démarche basée sur la raison. C'est la pensée qui assure l'homme de son existence : « Cogito ergo sum : je pense, donc je suis ». Pour Pascal, philosophe, mathématicien (les *Provinciales*, 1656, les *Pensées*, 1670), la grâce est donnée par Dieu ; le problème de la liberté humaine se pose alors.

Vers la fin du siècle, le libertinage, courant érudit, défend la liberté de pensée. On passe de l'honnête homme du XVIIᵉ au philosophe du XVIIIᵉ siècle.

La Cigale et la Fourmi

Jean de La Fontaine

(Château-Thierry, 1621 – Paris, 1695)

Il naît dans une famille bourgeoise et passe une jeunesse heureuse. Il est protégé par le surintendant Fouquet, ministre des Finances de Louis XIV, pour lequel il écrit. Après la chute de Fouquet (1661), il se met au service de la duchesse d'Orléans et ses *Contes* (1665), imités de l'Arioste et Boccace, connaissent un grand succès. Ses amis sont Madame de La Fayette, La Rochefoucault, Racine, Molière, Boileau. En 1668 paraît le premier recueil des *Fables,* le second en 1678, le dernier en 1694. Madame de Sévigné les trouve « divines ». Il renouvelle un genre très ancien attribué à Esope, fabuliste grec et à Phèdre, conteur latin, que l'on retrouve en Inde et chez des conteurs arabes comme Ibn al-Mouqaffa. La Fontaine décrit l'homme et la société en mettant en scène des animaux ou des hommes qu'il traite comme des symboles : le renard, le corbeau, le loup, le seigneur, le vieillard…

La Cigale, ayant chanté
Tout l'été,
Se trouva fort dépourvue
Quand la bise fut venue :
Pas un seul petit morceau   5
De mouche ou de vermisseau.
Elle alla crier famine
Chez la Fourmi sa voisine,
La priant de lui prêter
Quelque grain pour subsister   10
Jusqu'à la saison nouvelle.
« Je vous paierai, lui dit-elle,
Avant l'oût, foi d'animal,
Intérêt et principal. »
La Fourmi n'est pas prêteuse ;   15
C'est là son moindre défaut.
« Que faisiez-vous au temps chaud ?
Dit-elle à cette emprunteuse.
– Nuit et jour à tout venant
Je chantais, ne vous en déplaise.   20
– Vous chantiez ? j'en suis fort aise.
Eh bien ! dansez maintenant. »

Jean de La Fontaine, *Fables*, Livre premier, fable 1, 1668.

Pour mieux comprendre

Une cigale : un gros insecte avec des ailes, qui vit dans les pays chauds et qui fait du bruit. On dit qu'elle chante.

Une fourmi : un petit insecte qui vit en société bien organisée. On dit qu'elle travaille beaucoup.

Fort dépourvue : elle n'a plus rien à manger.

La bise fut venue : un vent froid qui annonce l'arrivée de l'hiver.

Une mouche/ un vermisseau : un insecte noir/ un petit ver, une larve.

Crier famine : demander une aide quand on n'a rien à manger.

Prêter : donner quelque chose qu'il faut rendre après. La personne qui reçoit est **l'emprunteuse** ; celle qui donne est la **prêteuse**.

Subsister : vivre difficilement.

L'oût : c'est l'orthographe ancienne de « août ».

Une foi : c'est la parole d'honneur qu'une personne donne à une autre (je vous promets).

Le principal : ce que la fourmi donne (un capital).

Son moindre défaut : son plus petit défaut (contraire de « qualité ». Ici, c'est ironique).

Ne vous en déplaise : même si cela ne vous convient (plaît) pas.

Fort aise : je suis très contente.

Une fable : un récit court, qui met en scène des animaux et qui contient une morale.

Découverte

1 Regardez le texte : comment est-il composé ? Quels signes de ponctuation remarquez-vous ? Que veulent-ils dire ?

2 Lisez les mots à la fin de chaque vers (ligne) : qu'entendez-vous ?

3 Lisez le titre. Quelles sont les caractéristiques de ces deux insectes ? (Aidez-vous de « Pour mieux comprendre).

4 De quelle œuvre ce poème est-il extrait ? Cherchez le sens du mot dans « Pour mieux comprendre ».

Exploration

1 Lisez la fable. Vers 1 à 6 : qu'a fait la Cigale pendant l'été ? Quelle image La Fontaine donne-t-il d'elle ? À quelle période de l'année sommes-nous ? Que se passe-t-il pour la Cigale ?

2 Vers 7 à 11 : qui va-t-elle voir et que demande-t-elle ? Retrouvez au vers 9 le mot qui exprime la manière dont elle fait sa demande. Qu'est-ce que l'auteur veut montrer de la Cigale ? En employant ce mot, quelle nouvelle image donne-t-il d'elle ? Imaginez comment elle fait sa demande.

3 Aux vers 12-14 : quelles expressions emploie la Cigale pour convaincre la Fourmi ? Comment se présente-t-elle à la Fourmi (honnête, malhonnête, sincère, menteuse) ?

4 La Fontaine joue avec le mot « foi » qui est propre à l'humain : à quel mot est-il associé dans le texte ? Trouvez-vous cela drôle ? comique ? triste ? sérieux ? Dites pourquoi.

5 Comment comprenez-vous le vers 15 ? Avec quel autre mot rime (un mot qui a le même son) « prêteuse » ? Qui représente ce dernier mot ? Quelle relation y a-t-il entre les deux mots ?

6 Vers 17 : la Fourmi répond-elle vraiment à la demande de la Cigale ? (Regardez la ponctuation). À votre avis, que veut-elle faire comprendre à la Cigale ? Pour vous, est-elle gentille, méchante, désagréable… ? Justifiez votre réponse.

7 Relisez le dialogue : de quelle manière le verbe « chanter » est-il repris par la Fourmi ? Est-ce une vraie question ? Quelle est sa réponse définitive ? Accepte-t-elle ou non la demande de la Cigale ? Qu'est-ce qui est à la fois méchant et drôle dans sa réponse ?

8 Quelle est la morale de cette fable ? Et vous, êtes-vous plutôt Cigale ou Fourmi ? Trouvez dans votre culture des fables qui mettent en scène des animaux.

Le Bourgeois
Gentilhomme

Molière

(Jean-Baptiste Poquelin, Paris, 1622 – 1673)

Fils d'un tapissier du roi Louis XIII, il fait des études de droit. À 21 ans, il rencontre Madeleine Béjart et fonde l'Illustre Théâtre (1644). Il prend le pseudonyme de Molière, devient directeur de la troupe et parcourt la France. En 1658, il rentre à Paris, joue ses farces qui plaisent au roi Louis XIV. Ses comédies : *Les Précieuses ridicules* (1659), *L'École des femmes* (1662), *L'Avare* (1668), *Le Bourgeois Gentilhomme* (1670) ont beaucoup de succès. *Tartuffe* (1664), qui met en scène l'hypocrisie de certains croyants et *Dom Juan* (1665), le libre penseur qui s'oppose à Dieu, sont interdits. Il meurt lors de la première représentation du *Malade imaginaire* et l'Église lui refuse un enterrement religieux. Ses caricatures de la société du XVIIᵉ siècle sont universelles et aujourd'hui, ses pièces de théâtre sont toujours jouées avec succès.

Monsieur Jourdain est un nouveau riche. Il paie des maîtres de musique, de danse… pour le transformer en parfait gentilhomme.

MAÎTRE DE PHILOSOPHIE.   (…) Il y a cinq voyelles ou voix : A, E, I, O, U.

M. JOURDAIN.   J'entends tout cela.

MAÎTRE DE PHILOSOPHIE.   La voix A se forme en ouvrant la bouche : A.

M. JOURDAIN.   A. A. Oui.

MAÎTRE DE PHILOSOPHIE.   La voix E se forme en rapprochant la mâchoire d'en bas de celle d'en haut : A, E. 5

M. JOURDAIN.   A, E, A, E. Ma foi ! Oui. Ah ! que cela est beau.

MAÎTRE DE PHILOSOPHIE.   Et la voix I en rapprochant encore davantage les mâchoires l'une de l'autre, et écartant les deux coins de la bouche vers les oreilles : A, E, I. 10

M. JOURDAIN.   A, E, I, I, I, I. Cela est vrai. Vive la science !

MAÎTRE DE PHILOSOPHIE.   La voix O se forme en rouvrant les mâchoires, et rapprochant les lèvres par les deux coins, le haut et le bas : O.

M. JOURDAIN.   O, O. Il n'y a rien de plus juste. A, E, I, O, I, O. Cela est admirable ! I, O, I, O. 15

MAÎTRE DE PHILOSOPHIE.   L'ouverture de la bouche fait justement comme un petit rond que représente un O.

M. JOURDAIN.   O, O, O. Vous avez raison, O. Ah ! la belle chose que de savoir quelque chose !
(…) 20

Molière, *Le Bourgeois Gentilhomme*, comédie-ballet en 5 actes, acte II, scène 4, 1670.

Pour mieux comprendre

Un gentilhomme : un homme noble par sa naissance, opposé au **bourgeois** qui s'est enrichi par le commerce.

Un ballet : un spectacle de musique et de danse.

La philosophie : l'étude de la morale et de la raison.

La mâchoire : les deux parties de l'intérieur de la bouche où sont placées les dents.

Écartant les deux coins de la bouche : v. *écarter*, éloigner les deux extrémités de la bouche.

Découverte

1 Regardez le texte. Quels sont les deux personnages ?

2 Lisez le chapeau. Que veut devenir le personnage principal ? Que fait-il pour cela ?

3 Quel est le titre de cette pièce de théâtre ? En vous aidant de « Pour mieux comprendre », dites en quoi les deux mots du titre s'opposent.

4 Lisez les références en bas du texte. Quel est le genre de cette pièce ? Quels types de scènes peut-on voir dans ce genre de pièce ?

5 À quelle partie de la pièce sommes-nous ?

Exploration

1 Lisez l'extrait. Qu'est-ce qui vous fait rire ?

....

2 Qu'apprend M. Jourdain ? Aujourd'hui, comment s'appelle cette spécialité ?

....

3 Qui enseigne cette spécialité à M. Jourdain ? Qu'enseigne-t-il habituellement ? À votre avis, pourquoi ne le fait-il pas avec M. Jourdain ?

....

4 Lisez toutes les répliques du professeur. Soulignez les formes verbales qui se terminent par « ...ant ». Que remarquez-vous ? Est-il nécessaire d'avoir suivi de grandes études pour enseigner cela ?

....

5 Maintenant lisez toutes les répliques de M. Jourdain. Relevez la ponctuation et les adjectifs qu'il utilise. Comment montre-t-il son enthousiasme ? Comment Molière rend-il ridicule ce personnage (répétition...) ?

....

6 Reprenez la dernière réplique de M. Jourdain. A-t-il vraiment besoin de payer un professeur pour apprendre cela ? Que critique Molière ?

....

7 Pour vous, M. Jourdain est-il antipathique, sympathique, naïf, ... ? Faites le portrait physique et moral du *Bourgeois gentilhomme* puis jouez la scène en insistant sur le comique de la situation. N'oubliez pas la voyelle qui manque !

Iphigénie

Dans la Grèce antique, Agamemnon, roi des Grecs, prépare le mariage de sa fille Iphigénie avec Achille, connu pour son grand courage. Le roi envoie son serviteur Arcas pour la chercher.

Jean Racine

(La Ferté-Milon, 1639 –
Paris, 1699)

À quatre ans, il n'a plus
ses parents. Il est élevé par
les religieuses jansénistes
de l'abbaye de Port-Royal
et reçoit une solide formation
intellectuelle et morale.
Il restera marqué par la doctrine
janséniste : l'homme est faible,
attiré par le péché ; seul Dieu
peut le sauver. Il écrit pour le
théâtre, pratique scandaleuse
pour l'Église. Ses pièces
s'inspirent de l'Antiquité.
Il écrit beaucoup entre 1664
et 1677 : *Andromaque* (grand
succès), *Britannicus*, *Bérénice*,
Bajazet, *Iphigénie*. En 1673,
il entre à l'Académie française.
Après l'échec de *Phèdre*,
il abandonne le théâtre et
devient historien du roi
Louis XIV. En 1680, il revient
au jansénisme et écrit deux
pièces inspirées de la Bible :
Esther (1689) et *Athalie* (1691).
Il est l'un des maîtres
de la tragédie française.
Sa conception du monde est
pessimiste : les sentiments
passionnés de ses personnages
les conduisent souvent à la mort.

Arcas, à Achille
Je ne vois plus que vous qui la puisse défendre.

        Achille
Contre qui ?

        Arcas
      Je le nomme et l'accuse à regret.
Autant que je l'ai pu, j'ai gardé son secret.
Mais le fer, le bandeau, la flamme est toute prête :   5
Dût tout cet appareil retomber sur ma tête,
Il faut parler.

        Clytemnestre
      Je tremble. Expliquez-vous, Arcas.

        Achille
Qui que ce soit, parlez, et ne le craignez pas.

        Arcas
Vous êtes son amant, et vous êtes sa mère :   10
Gardez-vous d'envoyer la Princesse à son père.

        Clytemnestre
Pourquoi le craindrons-nous ?

        Achille
             Pourquoi m'en défier ?

        Arcas
Il l'attend à l'autel pour la sacrifier.

        Achille
Lui !   15

        Clytemnestre
  Sa fille !

        Iphigénie
  Mon père !

        Ériphile
         O ciel ! quelle nouvelle ! (…)

Jean Racine : *Iphigénie*, acte III, scène 5, 1674.

Pour mieux comprendre

Vous qui la puisse défendre : vous qui pouvez protéger Iphigénie (**la défendre**).

Je l'accuse à regret : je dénonce malgré moi Agamemnon ; j'ai gardé ce qu'il m'a dit (**son secret**) comme j'ai pu (**autant que**).

Le fer, le bandeau, la flamme : l'épée, le tissu pour mettre autour des yeux, le feu sont prêts pour Iphigénie.

Un autel : une table pour **sacrifier** des animaux, des humains pour les offrir aux dieux.

Dût cet appareil, v. *devoir* (imparfait du subjonctif) : le fer, le bandeau, la flamme peuvent être utilisés contre Arcas (retomber sur lui).

Ne le craignez pas, v. *craindre* : il ne faut avoir peur de personne (**qui que ce soit**).

Son amant : Achille aime Iphigénie.

Gardez-vous de : n'envoyez pas la **Princesse** Iphigénie…

M'en défier : avoir peur d'Agamemnon.

Découverte

1 Quel type de texte est proposé ? Combien y a-t-il de personnages ?

2 Quel est le titre du livre d'où ce passage est extrait ? Quel personnage retrouvez-vous ?

3 Lisez le chapeau (au-dessus du texte) : à quelle époque se passe l'histoire ?
Qui est Agamemnon ? Que fait-il ? Qui est Arcas et que doit-il faire ?

Exploration

1 Lisez le texte. Première réplique d'Arcas : à qui parle-t-il ? Soulignez les trois derniers mots.
Regardez « Pour mieux comprendre » et dites de quel autre personnage il parle. Que doit faire
Achille ? Pourquoi, à votre avis ?

....

2 Première réplique d'Achille : que veut-il savoir ? Que peut exprimer sa question :
une interrogation, une incompréhension, une curiosité… ?

....

3 Deuxième réplique d'Arcas : de quel personnage parle-t-il ? Qu'a-t-il fait pour ce personnage ?
Quels sont les objets préparés ? Selon vous, à quoi vont-ils servir ? Que doit faire Arcas ?

....

4 Comment réagit Clytemnestre ? Que demande-t-elle à Arcas ? Dans la réplique suivante,
relevez les deux verbes à l'impératif : quel ordre et quel conseil Achille donne-t-il à Arcas ?

....

5 « Vous êtes… sa mère » : dites qui sont les deux « vous ». Quel conseil Arcas donne-t-il ?
Par quel autre nom est nommée Iphigénie ?

....

6 Soulignez la question de Clytemnestre et d'Achille. Quelle est leur réaction : normale,
étonnée, curieuse ? … Justifiez votre réponse.

....

7 Dernière réplique d'Arcas : où Agamemnon attend-il sa fille et pour quoi faire ?
Cela correspond-il à la situation de départ ? Finalement, à quoi les objets vont-ils servir ?

....

8 Par quel signe de ponctuation se terminent les quatre dernières répliques ? Pourquoi ?

....

9 Ériphile aime Achille en secret. Comment comprenez-vous sa réaction ?

Les Caractères

Jean de La Bruyère

(Paris, 1645 – Versailles, 1696)
Il est né dans une famille bourgeoise. Il étudie le droit à Orléans. En 1684, il devient précepteur du petit-fils du duc de Condé. C'est à ce moment-là qu'il commence à observer les comportements, la manière d'être des gens ordinaires et de la noblesse. Ses nombreux voyages entre Paris et Chantilly lui permettent de réfléchir sur la société qui l'entoure. *Les Caractères* sont publiés pour la première fois en 1688 sans nom d'auteur et rencontrent un immense succès. Ce sont des maximes (des phrases brèves qui expriment une vérité morale universelle) et des portraits satiriques. La Bruyère soulève à la fois de l'admiration (celle de Bossuet par exemple) et de la jalousie. Il défend le parti des Anciens (le respect pour les textes antiques) contre celui des Modernes (le renouvellement des formes, les progrès de la science…). En 1693, après plusieurs échecs, il est élu à l'Académie française.

Des ouvrages de l'esprit
2

Il faut chercher seulement à penser et à parler juste, sans vouloir amener les autres à notre goût et à nos sentiments ; c'est une trop grande entreprise.

Des femmes
53

Les femmes sont extrêmes : elles sont meilleures ou pires que les hommes.

58

Un homme est plus fidèle au secret d'autrui qu'au sien propre ; une femme au contraire garde mieux son secret que celui d'autrui.

Du cœur
4

Le temps, qui fortifie les amitiés, affaiblit l'amour.

7

L'amour et l'amitié s'excluent l'un l'autre.

12

L'amour qui naît subitement est le plus long à guérir.

65

Qu'il est difficile d'être content de quelqu'un !

La Bruyère, *Les Caractères ou les mœurs de ce siècle*, 1688.

Pour mieux comprendre

Un caractère : ce sont les caractéristiques morales d'une personne, sa manière de penser, de se comporter.

Les mœurs : les manières de vivre d'un groupe de personnes dans un lieu et à une époque donnés.

Un ouvrage : une occupation, un travail ; un écrit, une œuvre.

Seulement : uniquement, ne faire qu'une chose.

Amener les autres : conduire les gens là où l'on veut, leur faire partager nos idées.

Une trop grande entreprise : une action très difficile à réaliser.

Extrême : excessif (ve) ; le fait de dépasser la mesure, d'aller au-delà de ce qui est accepté.

Meilleur(e)/ pire : qui est encore mieux que bon (ne)/le, la plus mauvais(e).

Fidèle : garder pour soi, ne pas répéter la parole d'une autre personne, garder **secret**.

Autrui : les autres, les gens.

Fortifier : rendre fort ; le contraire est **affaiblir** (rendre faible).

S'excluent : v. *s'exclure :* qui ne vont pas ensemble, qui se rejettent.

Subitement : d'un coup.

Guérir : consoler, soigner. Ne plus être malade ou malheureux.

Découverte

1 Regardez l'extrait proposé : comment est-il composé ?

2 Lisez ce qui est écrit en italique (écriture penchée) : quels sont les thèmes abordés ?
Que représentent ces parties par rapport à l'ensemble de l'ouvrage ? Que signifient les chiffres ?

3 De quel livre est extrait ce passage ? À quelle date a-t-il été écrit ? Que connaissez-vous
de cette époque ? Faites des hypothèses sur le contenu de l'ouvrage.

4 Lisez toutes les phrases. Quelle est la particularité des *Caractères* ? (Reportez-vous
à la biographie de l'auteur et relevez la définition de la maxime).

Exploration

1 Maxime 53 : La Bruyère parle des « femmes » en général. Comment les juge-t-il ? Quels sont les
deux adjectifs qui expliquent son jugement ? À qui les femmes sont-elles comparées ? Réécrivez
cette maxime en commençant par « Les hommes… ». Le sens est-il le même ?

....

2 Maxime 58 : soulignez « au contraire » : quelles personnes ce mot oppose-t-il ? À quoi l'homme
est-il le plus fidèle ? Que signifie « au sien propre » ? À quoi l'homme est-il le moins fidèle ?
Qu'est-ce que la femme garde le mieux ? Que signifie « celui d'autrui » ? Qu'est-ce que
la femme garde le moins bien ? Que pensez de l'affirmation de La Bruyère ?

....

3 Maxime 65 : que signifie la ponctuation de cette phrase ? Comment comprenez-vous ce que dit
La Bruyère ? Qu'en pensez-vous ? Réécrivez cette maxime en exprimant le contraire.

....

4 Dans quelle maxime La Bruyère donne-t-il des conseils sur la manière de se comporter avec
les autres ? Quels sont ces conseils ? Qu'est-ce qu'il ne faut pas vouloir faire et pourquoi ?
Comment appelle-t-on une personne qui impose ses idées ? Quel danger dénonce le moraliste ?

....

5 Dans les maximes 4 et 7 soulignez les deux mots répétés. Quel rôle jouent-ils dans les relations
humaines ? Pour La Bruyère, ces deux mots sont-ils opposés ou complémentaires ?

....

6 Quel est l'« amour le long plus à guérir » ? En français on parle de « coup de foudre, d'amour
fou ». En général, on soigne une maladie : à votre avis, l'amour est-il une maladie ?

....

7 Dans les maximes, y a-t-il un narrateur (une personne qui dit « je ») ? À quel temps sont tous
les verbes ? Qu'exprime ce temps ici ? Complétez maintenant la définition de la maxime.
À votre tour, écrivez des maximes qui font réfléchir sur votre époque.

Le XVIIIe siècle

Dès 1715 (mort du roi Louis XIV), le pouvoir de la monarchie absolue s'affaiblit. Sous Louis XV (1723-1774), la France est riche, mais les réformes de l'État sont un échec. Pendant le règne de Louis XVI, le pays connaît une crise économique, politique, financière et sociale qui oblige le roi à convoquer les États généraux (assemblée des trois composantes de la société : le clergé, la noblesse et le tiers état) le 1er mai 1789. Le tiers état se proclame Assemblée nationale : la Révolution commence. Le 14 juillet, la Bastille est prise, la *Déclaration des droits de l'homme et du citoyen* est votée le 26 août. Le 21 janvier 1793, Louis XVI est condamné à mort et guillotiné.

La vie culturelle n'est plus à Versailles mais à Paris, dans les clubs, les cafés, les salons philosophiques, où s'échangent les idées nouvelles. La vie est plus libre et l'esprit critique s'exerce sur tous les savoirs. La confiance dans le progrès, la raison et le bonheur, un désir de fraternité universelle, caractérisent l'esprit philosophique. Les récits de voyages en Chine, en Perse, en Amérique favorisent l'ouverture à d'autres cultures. Dans la seconde moitié du siècle, l'importance accordée à la sensibilité annonce le romantisme.

LES LUMIÈRES : UN MONDE ÉCLAIRÉ PAR LA PHILOSOPHIE

Raison, tolérance, humanité : ces trois mots de Condorcet résument l'idéal des philosophes.

La critique rationnelle de la royauté de droit divin (c'est Dieu qui donne le pouvoir au roi) détruit peu à peu l'autorité royale. Dans l'*Esprit des lois* (1748), Montesquieu choisit une monarchie parlementaire (comme en Angleterre), modérée, basée sur la raison. Pour Voltaire, les hommes « sont naturellement libres et égaux » ; *Les Lettres philosophiques* (1734) défendent le modèle anglais. Si Diderot propose un contrat entre le souverain et le peuple (Article *Autorité politique* de l'Encyclopédie), Rousseau, dans le *Contrat social* (1762), va plus loin : il conçoit un pacte social librement accepté entre le peuple et un gouvernement qui assure l'administration de l'État : c'est la démocratie.

La question religieuse intéresse beaucoup les philosophes. Tous luttent contre l'intolérance et le fanatisme. Face au déisme de Voltaire (il croit en Dieu mais refuse les dogmes des religions), à la

« religion naturelle » de Rousseau (*La Profession de foi du Vicaire Savoyard*, 1762), Diderot affirme son athéisme dans *Le rêve de d'Alembert* (1769).

Le respect de l'être humain, la réflexion sur la liberté et la reconnaissance de l'égalité des personnes, contribuent à mettre fin à l'esclavage en 1794.

L'ENCYCLOPÉDIE

Le *Dictionnaire raisonné des sciences, des arts et des métiers,* œuvre immense de 17 volumes, présente les connaissances disponibles et les met à la disposition de tous. De nombreux philosophes y travaillent. Le principal collaborateur est Diderot ; d'Alembert s'occupe des mathématiques et de la partie scientifique. L'ambition de l'Encyclopédie est de combattre les préjugés, de faire triompher la raison, d'assurer par la science la libération et le bonheur de l'homme.

LES GENRES LITTÉRAIRES

La poésie

Ce siècle n'est pas celui de la poésie. André Chénier, influencé par la Grèce, crée des poèmes d'une grande musicalité : *Les Bucoliques (*1785-1787). Dans *Iambes,* il se révolte contre la Terreur, la période la plus sanguinaire de la Révolution.

Le théâtre

Dans ses comédies, *Le Jeu de l'Amour et du Hasard* (1730), *Les Fausses Confidences* (1737), Marivaux joue sur le langage pour montrer les fantaisies de l'amour. Chez Beaumarchais, la critique des institutions sociales, présente dans *Le Barbier de Séville* (1775), devient plus violente dans *Le Mariage de Figaro* (1784), où le domestique est plus fort que son maître, à la grande joie du public.

Le roman

C'est un genre important qui veut donner une image fidèle de l'évolution de la société. Ce réalisme se retrouve dans l'histoire de *Gil Blas de Santillane* de Lesage (1715-1735), dans la description de la passion fatale de *Manon Lescaut* de l'Abbé Prévost (1731). Le roman épistolaire connaît un succès considérable : *Lettres persanes* (Montesquieu, 1721), critique des mœurs et des institutions, *La Nouvelle Héloïse* (1761), où Rousseau essaie de réunir passion et vertu, *Les Liaisons dangereuses* (Laclos, 1782), où l'intelligence se met au service du mal. Voltaire fait connaître ses idées dans les contes philosophiques : *Zadig* (1747), *Micromégas* (1752), *Candide* (1759) et Diderot remet en question l'illusion romanesque avec *La Religieuse* (1760), *Le Neveu de Rameau* (1762) et surtout *Jacques le Fataliste* (1773). Quant à Rousseau, il se réfugie dans l'autobiographie : la sensibilité des *Confessions* (1765-1770) est préromantique.

Lettres persanes

Montesquieu

(Charles de Secondat, baron de la Brède et de Montesquieu, château de la Brède, Bordelais, 1689 – Paris, 1755)

Fils de la noblesse, il fait des études de droit et devient Président du Parlement de Bordeaux. Les *Lettres persanes*, critique sociale de la France et de l'Europe du début du XVIIIᵉ siècle, paraissent en 1721 et rencontrent un grand succès. À Paris, il fréquente les salons littéraires de Mme de Lambert et Mme de Tancin. De 1728 (date de son élection à l'Académie française) à 1731, il voyage en Europe et analyse les systèmes politiques des différentes nations. Il rentre à la Brède et, pendant vingt ans, rédige *L'Esprit des Lois*, ouvrage de philosophie politique, qui connaît un énorme retentissement. Le philosophe analyse les lois qui règlent les phénomènes sociaux, avance le principe de la séparation des pouvoirs, pense que le progrès de l'humanité est possible. Chez Montesquieu, la raison et le profond respect de la personne humaine s'opposent à toute forme d'injustice.

De 1712 à 1720, deux Persans, Usbeck et Rica, visitent l'Europe et écrivent à des amis restés en Perse.

Usbek à son ami Ibben
À Smyrne

Nous sommes arrivés à Livourne dans quarante jours de navigation. C'est une ville nouvelle ; elle est un témoignage du génie des ducs de Toscane, qui ont fait d'un village marécageux la ville d'Italie la plus florissante.

Les femmes y jouissent d'une grande liberté. Elles peuvent voir ⁵ les hommes à travers certaines fenêtres qu'on nomme *jalousies* ; elles peuvent sortir tous les jours avec quelques vieilles qui les accompagnent ; elles n'ont qu'un voile. Leurs beaux-frères, leurs oncles, leurs neveux, peuvent les voir sans que le mari s'en formalise presque jamais.

C'est un grand spectacle pour un Mahométan de voir pour la ¹⁰ première fois une ville chrétienne. Je ne parle pas des choses qui frappent d'abord tous les yeux, comme la différence des édifices, des habits, des principales coutumes. Il y a, jusque dans les moindres bagatelles, quelque chose de singulier que je sens, et que je ne sais pas dire.

Nous partirons demain pour Marseille ; notre séjour n'y sera pas ¹⁵ long. Le dessein de Rica et le mien est de nous rendre incessamment à Paris, qui est le siège de l'empire d'Europe. Les voyageurs cherchent toujours les grandes villes, qui sont une espèce de patrie commune à tous les étrangers.

Adieu ; sois persuadé que je t'aimerai toujours. ²⁰

À Livourne, le 12 de la lune de Saphar, 1712.

Montesquieu, *Lettres persanes*, lettre XXIII, 1721.

Pour mieux comprendre

Smyrne : ancien nom de la ville d'Izmir, en Turquie, rattachée à l'Empire ottoman en 1424.

Livourne : un port très important de **Toscane**, en Italie du Nord, **florissant** (riche).

Un témoignage : un exemple, une preuve.

Le génie : une très grande intelligence.

Marécageux (euse) : une terre remplie d'eau.

Jouissent : v. *jouir :* profiter de, avoir.

Une jalousie : une fenêtre faite de morceaux de bois croisés, qui permet de voir sans être vu.

Un voile : un tissu qui recouvre la tête, le corps. Les femmes persanes portaient quatre voiles.

Se formaliser : être choqué.

Un Mahométan : un musulman ; une personne qui croit en Allah.

Frapper : étonner ; voir tout de suite, immédiatement.

La moindre des bagatelles : le plus petit détail, la plus petite chose.

Un dessein : un projet.

Incessamment : bientôt, tout de suite.

Le siège : l'endroit le plus important.

Découverte

1 Lisez le chapeau : repérez les dates, les lieux, les noms des personnages et ce qu'ils font.

2 Quel est le titre du livre d'où ce passage est extrait ? Quel est le genre littéraire ?

3 Qui écrit à qui ? Où se trouve le deuxième personnage ?

4 Lisez la première phrase du texte. Qui est « nous » (revenez au chapeau) ? Où se trouvent les personnages ? Quel est leur pays d'origine ?

5 Lisez tout le texte. Comment est-il composé ? Dites avec vos mots ce que vous comprenez.

Exploration

1 Paragraphe 1 : quels adjectifs qualifient la ville ? Pour les deux Persans, qu'ont fait les ducs de Toscane ? Commencez votre réponse par « Les ducs de Toscane ont transformé un... »

....

2 Pour les deux Persans, quelle qualité des ducs a permis la transformation de ce lieu ? À votre avis, sont-ils neutres, étonnés, admiratifs... ?

....

3 Lisez la première phrase du troisième paragraphe. Quel autre adjectif qualifie la ville ? Comment se nomme la personne qui utilise cet adjectif ? (Repérez le mot qui porte une majuscule.) Qu'est-ce Montesquieu met en opposition ? Quel rôle donne-t-il aux Persans ?

....

4 Deuxième paragraphe, première phrase : de qui parle-t-on ? Que remarquent les Persans ?

....

5 Que peuvent faire les femmes italiennes du XVIIIe siècle ? À votre avis, pourquoi les Persans font-il cette remarque ?

....

6 « Elles n'ont qu'un voile » : que veut dire la restriction « ne... que » pour les Persans ?

....

7 Paragraphe 4 : où les deux Persans veulent-ils aller et pourquoi ? Par quelle ville passeront-ils ? Regardez une carte de géographie et accompagnez-les dans leur voyage.

....

8 Comment comprenez-vous la phrase : « Les voyageurs... étrangers ». Qu'en pensez-vous ?

....

9 Relisez le troisième paragraphe. Comment comprenez-vous : « Quelque chose de singulier... dire » ? Pour Montesquieu, le voyageur a deux attitudes : il observe et/ou ressent les différences sans pouvoir les dire. Quel genre de voyageur êtes-vous ?

Julie ou la Nouvelle Héloïse

Jean-Jacques Rousseau

(Genève, Suisse 1712 – Ermenonville, 1778)

Très jeune, il perd sa mère et reste peu chez son père. En 1728, il quitte Genève et va chez Mme de Warens, une femme qui le protège. Il exerce de petits métiers : musicien et secrétaire. À 30 ans, il est à Paris, rencontre Diderot et participe à *L'Encyclopédie*. En 1744, il rentre de Venise, a une relation avec Thérèse Levasseur qui lui donne 5 enfants qu'il abandonne à l'Hospice des enfants trouvés. Il écrit sur la société, la nature. *La Nouvelle Héloïse* (1761), roman par lettres, montre le malheur humain, *Les Confessions* (1782) racontent sa vie depuis l'enfance. Ses essais critiques (*Discours sur l'origine de l'inégalité*, 1755), sont une réflexion sur les inégalités sociales. L'*Émile* et *Du contrat social* (1762) sont condamnés par le Parlement de Paris. Il passera une grande partie de sa vie à fuir. Son seul refuge sera l'autobiographie et ses *Rêveries du promeneur solitaire* (1776).

Saint-Preux et Julie s'aiment mais leur amour n'est pas possible. Ils ne doivent plus se revoir ni s'écrire. Julie est mariée. Avant de partir en voyage, Saint-Preux écrit à une amie de Julie.

Lettre 26   À Madame d'Orbe

Je pars, chère et charmante cousine, pour faire le tour du globe ; je vais chercher dans un autre hémisphère la paix dont je n'ai pu jouir dans celui-ci. Insensé que je suis ! Je vais errer dans l'univers sans trouver un lieu pour y reposer mon cœur ; je vais chercher un asile au monde où je puisse être loin de vous ! Mais il 5 faut respecter les volontés d'un ami, d'un bienfaiteur, d'un père. Sans espérer de guérir, il faut au moins le vouloir, puisque Julie et la vertu l'ordonnent. Dans trois heures je vais être à la merci des flots ; dans trois jours je ne verrai plus l'Europe ; dans trois mois je serai dans des mers inconnues où règnent d'éternels orages ; dans trois 10 ans peut être... Qu'il serait affreux de ne vous plus voir ! Hélas ! le plus grand péril est au fond de mon cœur ; car, quoi qu'il en soit de mon sort, je l'ai résolu, je le jure, vous me verrez digne de paraître à vos yeux, ou vous ne me reverrez jamais. (...)

Jean-Jacques Rousseau, *Julie ou la Nouvelle Héloïse*, troisième partie, 1761.

Pour mieux comprendre

La cousine : elle fait partie de la famille de Saint-Preux.

Un globe : la terre, le **monde, l'univers ;** l'**hémisphère** nord et l'hémisphère sud.

La paix dont je n'ai pu jouir dans celui-ci : le calme que je ne trouve pas ici.

Insensé : fou.

Errer : partir sans savoir où l'on va.

Un asile : un lieu de paix, de calme.

La volonté : le désir de l'ami de Saint-Preux, Milord Edouard, qui lui conseille de partir. Il est le **bienfaiteur** et le **père.**

Guérir : aller mieux (ne plus aimer Julie).

La vertu : le sens du devoir.

Ordonner : donner un ordre, commander.

Être à la merci des flots : être dépendant de la mer, des vagues, du mauvais temps (**orage**).

Éternel : qui dure toujours.

Affreux : dur, pénible.

Hélas ! : exprime la douleur morale.

Un péril : un danger.

Quoi qu'il en soit de mon sort : ce qui peut arriver à ma vie n'a pas d'importance.

Je l'ai résolu (v. *résoudre* au passé composé) : je l'ai décidé.

Digne : honnête, vertueux (ici, ne plus penser à Julie).

Découverte

1 Lisez le chapeau (ce qui est écrit au-dessus du texte) : relevez le nom des personnages. Que se passe-t-il pour eux ? Qu'est-ce qu'ils ne doivent plus faire ?

2 Lisez le titre du livre. Quel personnage reconnaissez-vous ?

3 Que décide l'homme ? Que fait-il avant de prendre sa décision ?

4 Qui écrit à qui ?

5 Lisez la première ligne. Comment Saint-Preux appelle-t-il la personne à qui il écrit ? (Aidez-vous de « Pour mieux comprendre »).

Exploration

1 Lisez le texte. Quels sont les deux mots qui commencent la lettre de Saint-Preux ? Où va-t-il aller ? Retrouvez dans la lettre les trois noms qui parlent de ce lieu.

....

2 Soulignez la première phrase exclamative (!) : comment Saint-Preux se voit-il ? Dans la phrase suivante jusqu'à « mon cœur », quel verbe montre qu'il ne sait pas exactement où il va ?

....

3 Quelles sont les deux choses qu'il va « chercher » ? Pourquoi ? Est-il sûr de trouver ce qu'il recherche ?

....

4 De « Mais… » à « l'ordonnent » : quelles sont les deux personnes qui ont décidé Saint-Preux à partir ? (Aidez-vous de « Pour mieux comprendre » pour le nom d'une personne). Pourquoi, à votre avis ?

....

5 « Dans trois… peut-être… » : par quels groupes de mots commencent les propositions ? Dans quel ordre sont-ils présentés ? Combien de temps Saint-Preux pense-t-il que son voyage va durer ? Imaginez une suite à la phrase.

....

6 De quel élément de la nature parle Saint-Preux ? Retrouvez les expressions qu'il utilise pour en parler. Comment voit-il cet élément : calme, agité… ?

....

7 Qu'est-ce qui « serait affreux » pour Saint-Preux ? Où est « vraiment » le danger (péril) pour lui ? À la fin, il fait une promesse : il reviendra s'il… ou… il ne reviendra jamais… Complétez la phrase. Quel genre d'homme est Saint-Preux ?

....

Le Neveu de Rameau

Denis Diderot

(Langres, 1713 – Paris, 1784)
Il fait des études de droit, de théologie et de philosophie à Paris et mène, pendant une dizaine d'années, une vie difficile. En 1747, Diderot devient le principal rédacteur de l'*Encyclopédie,* énorme entreprise de diffusion de toutes les connaissances, qui voulait lutter contre les préjugés et faire triompher la raison. Le philosophe en dirige les travaux jusqu'en 1766. Il est emprisonné dans la tour de Vincennes à cause de la pensée matérialiste et athée de la *Lettre sur les aveugles à l'usage de ceux qui voient* (1749). En 1773, il passe cinq mois à la cour de Russie, invité par Catherine II. Travailleur infatigable, bon vivant, ami fidèle (Grimm, Sophie Volland), tout le passionne et son œuvre est très diversifiée : théâtre, réflexions sur l'art du comédien : *Paradoxe sur le comédien* (1773), critiques d'art, romans : *La Religieuse* (1760), *Le Neveu de Rameau* (1762), *Jacques le fataliste et son maître* (1773), essais philosophiques : *Le Rêve de d'Alembert* (1769)...

À Paris, Diderot, le philosophe (MOI) et le neveu du grand musicien Rameau (LUI), parlent, dans les jardins du Palais-Royal ou au café de la Régence.

LUI. – (…) Et puis j'ai peu lu.

MOI. – Qu'avez-vous lu ?

LUI. – J'ai lu et je lis et je relis sans cesse Théophraste, la Bruyère et Molière.

MOI. – Ce sont d'excellents livres.

LUI. – Ils sont bien meilleurs qu'on ne pense, mais qui est-ce qui sait les lire ? 5

MOI. – Tout le monde, selon la mesure de son esprit.

LUI. – Presque personne. Pourriez-vous me dire ce qu'on y cherche ?

MOI. – L'amusement et l'instruction.

LUI. – Mais quelle instruction ? car c'est là le point.

MOI. – La connaissance de ses devoirs, l'amour de la vertu, la haine du vice. 10

LUI. – Moi, j'y recueille tout ce qu'il faut faire et tout ce qu'il ne faut pas dire. Ainsi quand je lis *L'Avare*, je me dis : Sois avare si tu veux, mais garde-toi de parler comme l'avare. Quand je lis le *Tartuffe*, je me dis : Sois hypocrite si tu veux, mais ne parle pas comme l'hypocrite. (…)

Diderot, *Le Neveu de Rameau*, 1762.

Pour mieux comprendre

Théophraste : penseur grec, disciple de Platon et d'Aristote. Il a écrit les *Caractères*, livre qui a inspiré La Bruyère.

Selon la mesure de : en fonction de son niveau d'intelligence, de connaissance (**esprit**).

La vertu : le bien ; contraire du mal (**le vice**).

Recueillir : prendre, trouver.

Avare : une personne qui garde son argent, qui ne veut pas le dépenser.

Garde-toi de parler : ne parle pas.

Hypocrite : une personne qui ne dit pas ce qu'elle pense et ne fait pas ce qu'elle dit ; qui est fausse.

Découverte

1 Lisez le chapeau : relevez les lieux et les personnes. Que font ces personnes ? À votre avis, quel type de texte vous sera proposé ?

2 Regardez le texte : comment sont désignés les personnages ? Qui est qui ? Écrivez le nom des personnes devant chaque prise de parole (réplique) et numérotez-les.

3 Lisez les deux premières phrases : de quoi est-il question ?

4 Lisez les deux phrases suivantes : quels auteurs sont cités ? Reportez-vous à « Pour mieux comprendre » et recherchez les autres écrivains dans le manuel. Présentez-les.
Comment « MOI » qualifie-t-il les livres de ces auteurs ?

Exploration

1 Lisez tout le texte. Dites ce que vous comprenez.

....

2 Répliques 5 et 6 : « LUI » pose une question : qui comprend ces livres ? (« Qui sait les lire ? »).
Quelle est la réponse du philosophe ?

....

3 Que veut dire la réponse du philosophe : que personne ne peut comprendre ces livres ?
que tout le monde peut les comprendre ? que chaque personne peut les comprendre
en fonction de son intelligence ?

....

4 Qu'est-ce que le philosophe cherche dans les livres ? Sur quel mot « LUI » interroge-t-il
le philosophe ?

....

5 Soulignez la réponse du philosophe. Reformulez cette réponse avec vos mots (aidez-vous
de « Pour mieux comprendre »). Pour Diderot, quel genre d'éducation trouve-t-on
dans les livres : esthétique ? religieuse ? morale ? sociale ?

....

6 Dernière réplique : qu'est-ce que « LUI » recueille dans les livres ? Que se passe-t-il quand il lit
L'Avare ou *Tartuffe* ? Écrivez vos réponses.

....

7 Analysez vos réponses. Qu'est-ce que les livres lui apprennent : à être bon, gentil, hypocrite,
généreux, faux ? Recherche-t-il dans les livres la même chose que le philosophe ? Justifiez
votre réponse.

....

8 Et vous, que recherchez-vous dans les livres ?

....

L'Ingénu

Voltaire

(François-Marie Arouet, Paris, 1694 – 1778)

Il reçoit une éducation humaniste et fréquente très tôt les salons à la mode. Il est emprisonné deux fois à la Bastille puis doit s'exiler en Angleterre (1726 -1729) à cause de ses écrits satiriques. La publication des *Lettres philosophiques* (1734), critiquant la monarchie, l'oblige à se réfugier dans le château de Mme du Châtelet, à Cirey, où il écrira, entre autres, le *Traité de métaphysique*, l'*Essai sur les mœurs*… Le philosophe est élu à l'Académie française en 1746. Son séjour en Prusse, auprès de Frédéric II (1747-1750) se termine par une désillusion et une nouvelle arrestation. Il a lutté pour la liberté, la justice, la tolérance, le bonheur terrestre. Sa croyance en Dieu, basée sur la raison, refuse les règles des religions ; il s'est opposé au fanatisme. Son œuvre est immense : énorme correspondance, articles pour l'*Encyclopédie*, théâtre, poésie, histoire, philosophie : *Dictionnaire philosophique* (1764), pamphlets, contes philosophiques : *Zadig* (1748), *Candide* (1759).

Voltaire, *L'Ingénu*, 1767

Pour mieux comprendre

Un(e) ingénu(e) : une personne simple, candide.

Un(e) prieur(e) : une personne religieuse responsable d'un monastère, ici, Notre-Dame de la Montagne, en Bretagne.

Un Huron : un homme qui vient d'un groupe d'Indiens du Canada, les Iroquois.

Converti(e) : il a changé de religion et, **baptisé**, est devenu catholique.

Une maîtresse, un amant : une femme et un homme qui s'aiment, qui sont **amoureux**.

Un huguenot : dans la religion chrétienne, une personne convertie au protestantisme, opposé au catholicisme. Ils sont combattus par le roi et les **jésuites**.

Un janséniste : une personne qui croit dans la doctrine religieuse du jansénisme, condamnée par le pape et le roi. Les jansénistes s'opposent aux **jésuites**, qui croient en une autre doctrine et qui sont proches du pape et du roi.

La cour : les personnes qui sont proches du roi Louis XIV, à **Versailles**.

La Bastille : une prison de Paris où le roi **enferme** ceux qui ne sont pas d'accord avec lui.

Délivrer : le contraire de « enfermer ».

Découverte

1 Quel document vous est proposé ? Combien y a-t-il de chapitres ?

2 Quel est le titre du livre ? Que signifie ce nom ? (Regardez « Pour mieux comprendre »).

3 Lisez tout le document. Chapitre II : de qui, précisément, est-il question ? (Regardez « Pour mieux comprendre »). Qui est le personnage principal ?

4 Chapitre I : qui rencontre qui ? Où se passe cette rencontre ? (Regardez « Pour mieux comprendre »). Qu'est-ce qui est bizarre dans cette rencontre ?

5 Chapitre III : qui peuvent être les personnes qui reconnaissent le Huron comme un membre de leur famille ? Faites des hypothèses.

Exploration

1 À partir du moment où le Huron est reconnu par sa famille française, que lui arrive-t-il ? (Chapitre III et IV). Qu'en pensez-vous ?

....

2 Relisez les titres des chapitres suivants : quel nom, concernant l'Ingénu, n'apparaît plus ? Comment expliquez-vous cette disparition ?

....

3 Chapitre V : que se passe-t-il pour L'Ingénu ? Soulignez les titres et les numéros de chapitres où l'on trouve un mot qui rappelle l'amour.

....

4 À partir de quel chapitre apparaît un nouveau personnage féminin ? Comment s'appelle cette femme et comment est-elle qualifiée ? Quel est sa relation avec L'Ingénu ? Que fait-elle pour lui vers la fin du roman ?

....

5 Chapitre VII : l'Ingénu met les Anglais hors (*repousse*) de France. Que représente-t-il maintenant pour les Français ? Après cette action, où va-t-il et pourquoi, à votre avis ? Comment imaginez-vous l'Indien dans ce lieu ?

....

6 Quelle mauvaise aventure arrive à l'Ingénu ? Après quel chapitre est-elle située ? Comment expliquez-vous ce qui lui arrive ? Cela vous semble-t-il juste ?

....

7 Cinq mots désignent des hommes qui ont un rapport avec la religion. Quelle relation ces hommes ont-ils entre eux ? À votre avis, que veut montrer Voltaire ? (Lisez sa biographie).

....

8 Quelle est la fin de cette histoire ? Comment l'expliquez-vous ? Pour vous, l'amour entre des personnes de cultures différentes est-il possible ? Présentez votre point de vue.

Le XIXe siècle

Le XIXe siècle voit de grands changements politiques, économiques, sociaux, scientifiques et culturels : la révolution industrielle, l'apparition du monde ouvrier et du droit syndical, l'école obligatoire et laïque, l'expansion de la presse et de l'édition, l'invention de la photographie et du cinéma, de l'automobile, la découverte du vaccin par Pasteur, l'extension de l'empire colonial (Algérie, Indochine). La tour Eiffel est construite pour l'exposition universelle de 1889.

Sur le plan politique, ce siècle marque l'installation définitive de la République. Mais avant, il y aura l'*Empire* de Napoléon Ier (1804-1814) et la *Restauration* avec le retour de la monarchie (1814-1848). Pendant cette période, deux révolutions éclatent : les *Trois Glorieuses* (1830) et la *Révolution de 1848* qui met fin à la monarchie. La *IIe République* (1848-1851) est proclamée. L'esclavage est aboli, la liberté accordée à la presse, le suffrage universel est institué. Alors, le futur empereur Napoléon III, neveu de Napoléon Ier, organise un coup d'État contre la République. Le *second Empire* (1852) commence. La guerre franco-prussienne provoque la fin du second Empire. La *IIIe République* (1870-1940), laïque et parlementaire, débute par une guerre civile : la *Commune de Paris* qui sera réprimée dans le sang en 1871.

LES COURANTS LITTÉRAIRES

Le romantisme

Il s'inspire des écrivains anglais (Byron) et allemands (Goethe). La déception d'une génération, née de la Révolution française de 1789, s'exprime dans la poésie, le théâtre et le roman. C'est le « mal du siècle » annoncé par René de Chateaubriand, l'écrivain du Moi blessé, dans le roman *René* (1802), et repris par Musset dans *La Confession d'un enfant du siècle* (1836). Lamartine, Vigny, Musset et Hugo, la grande figure littéraire de ce siècle, symbolisent la poésie romantique. Ils chantent la passion, la liberté, l'engagement politique et montrent le mal de vivre dans la société bourgeoise et conformiste de la restauration de la monarchie.

Le théâtre refuse les règles du Classicisme. Victor Hugo invente le drame romantique (*Préface de Cromwell*, 1827 et *Hernani*, 1830), et provoque la bataille entre Classiques et Modernes. Stendhal (*Le Rouge et le Noir*, 1830) et Balzac avec la *Comédie Humaine* (1829-1848) analysent la réalité sociale et historique de leur époque et annoncent le réalisme. De son côté, Alexandre Dumas s'intéresse à l'Histoire et devient le père du roman historique (*Le Comte de Monte-Cristo*, 1845).

■ Le réalisme

Né pendant la seconde moitié du siècle, le roman réaliste s'oppose à la mélancolie et au sentimentalisme des romantiques. Flaubert (*Madame Bovary,* 1857, *L'Éducation sentimentale*, 1869) décrit son époque dans une recherche permanente du style. Pour lui, « seule compte la beauté de l'écriture ». Maupassant, admirateur de Flaubert, porte le genre littéraire de la nouvelle à un haut degré de perfection : *Boule de Suif* (1880), *Une vie* (1883). Il s'écarte du réalisme et écrit des contes fantastiques : *Le Horla* (1887).

■ Le naturalisme

Dans les *Rougon-Macquart* (1871-1893), Émile Zola raconte l'histoire d'une famille sous le second Empire, marquée par l'hérédité et le déterminisme de l'environnement social. Il s'inspire des théories scientifiques de l'époque (le positivisme d'Auguste Comte). Son œuvre présente les transformations sous Napoléon III : les grands boulevards, les grands magasins, la finance, les chemins de fer et s'intéresse aux luttes sociales. Comme George Sand et Victor Hugo, il dénonce la misère sociale des débuts du capitalisme.

■ Le Parnasse

Dans le groupe des Parnassiens, Théophile Gautier, *Émaux et Camées* (1852), Leconte de Lisle, *Poèmes barbares* (1862), Hérédia, *Les Trophées* (1893), se détournent de l'émotion des romantiques et de l'engagement politique pour s'intéresser à « l'Art pour l'Art ».

■ Le symbolisme

Ce mouvement prend ses distances avec les autres courants littéraires. Nerval cherche son inspiration dans le rêve et les souvenirs pour traduire ses visions entre songe et réalité : *Les Filles du feu* et *Les Chimères* (1854). Baudelaire compose *Les Fleurs du Mal* (1857), œuvre majeure du symbolisme, où il crée des correspondances entre le monde des sens et les aspects cachés de l'univers. Verlaine, *Poèmes saturniens* (1866), Rimbaud, *Une saison en enfer* (1873), *Illuminations* (1874-1876) et Mallarmé, *Hérodiade* (1871), explorent toutes les possibilités du langage poétique.

■ Les décadents

Ils représentent la « fin de siècle ». Des Esseintes, le héros du roman de Huysmans, *À Rebours* (1884), est l'image du dandy dégoûté des réalités de la vie. Il préfère fuir dans un esthétisme morbide.

À partir de 1874, le mouvement impressionniste va renouveler la peinture et apporter des changements dans la manière de regarder, de décrire le monde.

Venise

Alfred de Musset

(Paris, 1810 – 1857)

Il est né dans une famille noble, proche de celle du poète du Bellay. Après de brillantes études, il fréquente, très jeune, les milieux romantiques dont le maître est Victor Hugo. C'est le plus parisien des poètes français. Il adore Paris, ses théâtres, ses cafés à la mode. Dès 16 ans, sa préoccupation est l'amour et la poésie. Il est considéré comme un jeune poète plein de talent mais il préfère vivre à sa fantaisie. En 1830, il écrit *les Contes d'Espagne et d'Italie*. En 1833 paraissent *Les Caprices de Marianne* au moment de sa folle passion avec l'auteure George Sand. Puis il publie *Fantasio, On ne badine pas avec l'amour* et *Lorenzaccio*. Brisé par la rupture avec l'écrivaine, il chante sa souffrance dans *La Nuit de Mai, La Nuit de Décembre* (1835), *La Confession d'un enfant du siècle* (1836). Il meurt à 47 ans, fatigué par l'alcool et les plaisirs.

D ans Venise la rouge,
Pas un bateau qui bouge ;
Pas un pêcheur dans l'eau,
 Pas un falot.

Seul, assis sur la grève,   5
Le grand lion soulève,
Sur l'horizon serein,
 Son pied d'airain.

Autour de lui, par groupes,
Navires et chaloupes,   10
Pareils à des hérons
 Couchés en rond,

Dorment sur l'eau qui fume
Et croisent dans la brume,
En légers tourbillons,   15
 Leurs pavillons.

La lune qui s'efface
Couvre son front qui passe
D'un nuage étoilé
 Demi voilé.   20
(...)

Alfred de Musset, *Contes d'Espagne et d'Italie*, 1810-1857.

Pour mieux comprendre

Bouger : faire un mouvement ; contraire : être immobile.

Un pêcheur : une personne qui prend des poissons.

Un falot : une grande lanterne qui donne de la lumière la nuit.

La grève : une place au bord de l'eau.

Soulever : lever vers le haut. Sur la place Saint-Marc, à Venise, la statue du lion en bronze (**d'airain**) a un pied soulevé.

L'horizon serein : loin devant, la ligne entre la terre et le ciel est tranquille.

Une chaloupe : un petit bateau (le **navire** est plus grand).

Pareil à : comme.

Un héron : un oiseau avec un long cou et de longues pattes, qui vit près de l'eau et mange du poisson.

Un tourbillon : la fumée forme des ronds, en un mouvement rapide.

Un pavillon : un morceau de tissu, un drapeau à l'avant des bateaux.

Découverte

1 Quel est le titre du livre d'où ce texte est extrait ? Où le poète Musset vous emmène-t-il ?

2 Lisez le titre. Connaissez-vous ce lieu ? Et dans ce poème, quel est le pays choisi ?

3 Regardez cet extrait de poème : comment est-il composé ? Numérotez les vers (les lignes).

4 Lisez le vers 1 : quelle caractéristique le poète donne-t-il à cette ville ? Et vous, comment l'imaginez-vous ?

Exploration

1 Lisez le poème. Regardez dans « Pour mieux comprendre » et soulignez dans chaque strophe les éléments qui composent le paysage (lieu, monument, nature, personnage...).

....

2 De quel moment parle le poète (vers 17) ? Quels sont les deux autres mots qui sont en relation avec ce moment ? (strophe 3 et 4).

....

3 Vers 2-3-4 : quel groupe de mots est répété ? Sur quoi le poète veut-il insister ? Comment est la ville ?

....

4 Soulignez le premier mot du vers 5 et les trois premiers mots du vers 6 : de quoi parle le poète ? Où est-il ? Décrivez-le.

....

5 Qu'y a-t-il « autour » de lui ? Qu'est-ce qui est comparé (« pareils ») à quoi ? (Aidez-vous de « Pour mieux comprendre »). Relisez les vers 10 et 13 : sur quelle image Musset insiste-t-il ?

....

6 Relisez le poème. Pourquoi le poète choisit-il ce moment pour parler de Venise ?
Dans la strophe 2, « seul » peut-il concerner une personne, et laquelle à votre avis ? Que peut ressentir cette personne ?

....

7 Comment regroupez-vous les sons à la fin de chaque vers ? Quel rythme donnent-ils au poème : rapide, régulier... ?

....

8 Après la lecture de ce poème, comment imaginez-vous cette ville ?

....

Mateo Falcone

Prosper Mérimée

(Paris, 1803 – Cannes, 1870)

Mérimée a deux activités majeures dans sa vie : l'écriture et les monuments historiques. Il est né dans une famille d'artistes : ses parents sont professeurs de dessin. Il étudie le droit. Il devient ami de Stendhal, a une relation amoureuse avec George Sand. Ses nombreux voyages en Europe lui servent de décor pour ses écrits. En 1829 paraît *Chronique du temps de Charles IX*, roman historique qui connaît un grand succès. La même année, il publie *Mateo Falcone*, sa première nouvelle, genre littéraire où il excelle. Suivront *La Double méprise, La Vénus d'Ille, Colomba, Carmen...* Il reçoit la Légion d'honneur en 1831 et est nommé Inspecteur des Monuments historiques en 1834 : il doit recenser, protéger et restaurer les monuments, comme il l'a fait pour la cathédrale Notre-Dame de Paris.

En 1844, il est élu à l'Académie française.

Son écriture précise, au rythme rapide, se situe entre réalisme et fantastique.

En Corse, Fortunato, 10 ans, est seul devant sa maison. Un homme blessé arrive…

Il s'approcha de Fortunato et lui dit :

« Tu es le fils de Mateo Falcone ?

– Oui.

– Moi, je suis Gianetto Sanpiero. Je suis poursuivi par les collets jaunes. Cache-moi, car je ne puis aller plus loin. 5

– Et que dira mon père si je te cache sans sa permission ?

– Il dira que tu as bien fait.

– Qui sait ?

– Cache-moi vite ; ils viennent.

– Attends que mon père soit revenu. 10

– Que j'attende ? malédiction ! Ils seront ici dans cinq minutes. Allons, cache-moi, ou je te tue. »

Fortunato lui répondit avec le plus grand sang-froid :

« Ton fusil est déchargé, et il n'y a plus de cartouches dans ta carchera.

– J'ai mon stylet. 15

– Mais courras-tu aussi vite que moi ? »

Il fit un saut, et se mit hors d'atteinte.

« Tu n'es pas le fils de Mateo Falcone ! Me laisseras-tu donc arrêter devant ta maison ? »

L'enfant parut touché. 20

« Que me donneras-tu si je te cache ? » dit-il en se rapprochant.

Le bandit fouilla dans une poche de cuir qui pendait à sa ceinture, et il en tira une pièce de cinq francs qu'il avait réservée sans doute pour acheter de la poudre. Fortunato sourit à la vue de la pièce d'argent ; il s'en saisit, et dit à Gianetto : « Ne crains rien. » 25

Prosper Mérimée : *Mateo Falcone*, Nouvelle, 1829.

Pour mieux comprendre

Je suis poursuivi (v. *poursuivre*) : je suis recherché par la police.

Les collets jaunes : les hommes qui aident la police ; ils portent un vêtement brun avec un col jaune.

Malédiction ! : quel malheur !

Tuer : mettre à mort avec un **fusil** (une arme) chargé de **cartouches** de **poudre**.

Avec sang-froid : avec calme.

Un stylet : un couteau.

Parut touché (v. *paraître* au passé simple) : il semble ressentir quelque chose.

Un bandit : un homme recherché par la police.

Fouilla : chercher dans la **carchera**, une petite boîte en cuir accrochée (**pendait**) à la ceinture.

Il s'en saisit (v. *saisir* au passé simple) : il la prend.

Ne crains rien : n'aie pas peur.

Découverte

1 Lisez le chapeau (au-dessus du texte). Où l'histoire se passe-t-elle ? Situez ce lieu sur une carte. Qui sont les personnages ?

2 Regardez la composition de cet extrait : quel type de texte allez-vous lire ?

3 Lisez les quatre premières lignes. Précisez l'identité des personnages.

4 Quel est le titre du livre d'où ce texte est extrait ? Que remarquez-vous ? Quel est le genre littéraire ?

Exploration

1 Lisez le texte. Soulignez les répliques 2-4-5 de l'homme : que demande-t-il à Fortunato ? Pourquoi ? Comment trouvez-vous cet homme : gentil, agressif, sympathique, dangereux ?

....

2 Dernier paragraphe : lisez les deux premiers mots. Aidez-vous de « Pour mieux comprendre » et dites quel genre d'homme est Gianetto. Retrouvez dans le texte les deux armes qu'il possède.

....

3 Soulignez les répliques 2 et 4 de Fortunato. De qui parle-t-il et pourquoi ? Que se passe-t-il à la réplique 7 ?

....

4 De « Fortunato lui répondit… » à « d'atteinte » : comment Fortunato répond-il et que fait-il ? Qu'est-ce qu'il affirme ? Que pensez-vous de cet enfant de 10 ans ?

....

5 À quel moment est-ce que Gianetto semble « toucher » l'enfant ?

....

6 Dernière ligne : quelle est la réplique de Fortunato ? À quelle condition accepte-t-il la demande de Gianetto ? Soulignez le verbe qui montre que le garçon est content. Que pensez-vous de l'attitude de ce garçon ?

....

7 Les « collets jaunes » arrivent peu de temps après. À votre avis, que va-t-il se passer ? Imaginez une suite à ce récit.

....

La Comédie humaine

Honoré de Balzac

(Tours, 1799 – Paris, 1850)

Il est né dans une famille de la petite bourgeoisie. À Paris, il étudie le droit mais préfère la philosophie. Très tôt, la littérature le passionne mais sa première œuvre est un échec. À 22 ans, aidé par Madame de Berny, conseillère, amante, il se lance dans les affaires : c'est une catastrophe. Pour payer ses dettes, il recommence à écrire, cette fois avec succès : *Les Chouans* (1829) est le premier livre qui porte le nom de « Balzac ». En 1834, il imagine le plan de son œuvre et adopte le titre *La Comédie humaine* en 1842. Il veut décrire de manière précise la société de son temps, sur une période qui va de 1789 à 1850. Il pense écrire 137 romans et créer 4 000 personnages. Entre 1829 et 1848, il termine 95 livres, 46 resteront à l'état de projet. À partir de 1833, il correspond avec Madame Hanska, une riche admiratrice polonaise, avec laquelle il se marie le 14 mars 1850. Il meurt peu après, épuisé par les soucis et le travail.

I. Études de mœurs		
1. *Scènes de la vie privée*	**2.** *Scènes de la vie de province*	**3.** *Scènes de la vie parisienne*
• Gobseck 1830 *(usurier)* • La Femme de 30 ans 1831-33 • Le Colonel Chabert 1832 *(misère, amour trahi)* • Le Père Goriot 1834-35 *(commerçant, argent, cupidité)* • Béatrix 1839-44 • Albert Savarus 1842 • Honorine 1843 • Modeste Mignon 1844	• Le curé de Tours 1832 • Eugénie Grandet 1833 *(argent, méchanceté, malheur)* • Le Lys dans la vallée 1835-36 *(amour)* • Illusions perdues 1837-43 *(presse, politique, ambition, argent)* • Ursule Mirouet 1841 *(amour, argent)* • La Rabouilleuse 1841-42	• Sarrasine 1831 • La Fille aux yeux d'or 1834-35 • La Duchesse de Langeais 1834-35 • Grandeur et décadence de César Birotteau 1837 *(commerçant, argent, ruine)* • La Maison Nucingen 1838 *(banquiers)* • Splendeurs et misères des courtisanes 1838-47 *(ambition, argent, mensonge)* **Parents pauvres** • La Cousine Bette 1846 *(jalousie, vengeance)* • Le Cousin Pons 1847 *(méchanceté, cupidité)*
+ 20 autres romans	**+ 5 autres romans**	**+ 8 autres romans**
4. *Scènes de la vie politique*	**5.** *Scènes de la vie militaire*	**6.** *Scènes de la vie de campagne*
• Un épisode sous la terreur 1830 *(peur, secret, culpabilité)* • Une ténébreuse affaire 1841 *(secret politique)* **+ 2 autres romans**	• Les Chouans 1829 *(amour, mort)* • Une passion dans le désert 1830	• Le Médecin de campagne 1833 • Le curé de village 1839 • Les paysans (inachevé) 1844

II. Études analytiques	III. Études philosophiques
• La Physiologie du mariage 1829 • Petites misères de la vie conjugale 1845	• La Peau de chagrin 1831 • Le Chef-d'œuvre inconnu 1831 • Louis Lambert 1832 • La Recherche de l'absolu 1834 **+ 18 autres romans**

D'après *Littérature textes et documents XIXe siècle*, Paris, Nathan, 1986.

Pour mieux comprendre

Les mœurs : les manières de vivre.

La vie privée : la vie intime des gens.

La province : toute la France, sauf Paris.

Un usurier : il gagne sa vie en prêtant de l'argent.

Une illusion : un rêve ; le fait de se tromper.

La décadence : devenir pauvre. La **misère**, la **ruine**.

Une splendeur : une grande beauté et une grande richesse.

Une courtisane : une femme qui vit de sa beauté. Les hommes payent pour être avec elle.

Les Chouans : ils sont contre la Révolution de 1789, dans l'Ouest de la France.

Découverte

1 Quel document vous est proposé ?

2 Quel est le titre de l'œuvre ? Le premier terme fait partie du vocabulaire du théâtre. Que veut-il dire ? Quand Balzac choisit son titre, sur quoi va-t-il écrire à votre avis ?

3 Reportez-vous à la biographie. Que fait Balzac en 1834 ? Retrouvez ce plan en trois parties dans le document proposé ainsi que les sous-parties. Quel est le projet d'écriture de Balzac ?

4 Combien comptez-vous de romans dans le tableau ? Combien en a-t-il écrit entre 1829 et 1848 ? Que pensez-vous de ces chiffres et de l'activité romanesque de Balzac ?

Exploration

1 Quelle sous-partie de l'œuvre comporte le plus de romans ? En quoi cette sous-partie s'oppose-t-elle aux 5 autres sous-parties ? Qu'est-ce qui intéressait le plus l'écrivain Balzac ?

....

2 Dans quelle sous-partie retrouve-t-on le plus de titres composés du nom d'un personnage ? Pourquoi, à votre avis ?

....

3 Entre 1829 et 1835, relevez les titres et les dates des romans. Combien Balzac a-t-il écrit de romans pendant cette période ? En 1835, quels romans a-t-il terminés, quel roman a-t-il commencé ? Quelle est la méthode de travail de l'écrivain ?

....

4 Quels sont les deux romans auxquels Balzac a consacré le plus de temps ? Le deuxième est la suite du premier. À quelle partie et sous-parties appartiennent-ils ?

....

5 Dans quels endroits et dans quels milieux sociaux se passent ces deux romans ? Quels thèmes ont-ils en commun ? Qu'est-ce que Balzac a voulu montrer de ces milieux sociaux ? Imaginez l'histoire de ces deux romans.

....

6 Dans la sous-partie 3, retrouvez un autre titre construit comme « Splendeurs et misère des courtisanes ». Comment s'appelle le personnage ? Quel est son métier ? Que lui arrive-t-il ?

....

7 Quel est le sujet des deux romans de la deuxième partie ? Quelle est l'opinion de Balzac sur ce sujet ?

....

8 Dans le tableau, quel thème revient le plus ? À quels autres thèmes est-il le plus souvent associé ? Quel est le point de vue de Balzac sur cette question : optimiste, critique… ?

....

9 Dans tout le document, relevez les professions, les milieux sociaux, les endroits. Que constatez-vous ? Revenez à la biographie : que veut faire Balzac en écrivant *La Comédie humaine* ?

Notre-Dame de Paris

Victor Hugo

(Besançon, 1802 – Paris, 1885)
C'est le chef de file du romantisme et son œuvre immense frappe par sa puissance créatrice, la diversité des thèmes et des formes littéraires.

Lorsqu'il a 20 ans, il publie son premier recueil de poèmes, *Odes*. Le 25 juillet 1830, la représentation d'*Hernani* déclenche la bataille entre Classiques et Romantiques. Paraissent ensuite *Notre-Dame de Paris* (1831), *Lucrèce Borgia* (1833), *Ruy Blas* (1838) et quatre recueils de poésies. En 1841, il est élu à L'Académie Française. La mort de sa fille Léopoldine en 1843, plonge Hugo dans le désespoir. Il se bat pour la suppression de l'esclavage et de la peine de mort. Opposé au coup d'État du 2 décembre 1851 (Napoléon III), il part en exil à Jersey et Guernesey jusqu'en 1870. Il écrit *Les Châtiments* (1853), *Les Contemplations* (1856), *La Légende des siècles* (1859-1883), *Les Misérables* (1862), *Les Travailleurs de la mer* (1866), *L'homme qui rit* (1869). Un hommage national lui est rendu pour son 80e anniversaire.

L'histoire se passe au Moyen Âge.

La Esmeralda se mit à émietter du pain, que Djali mangeait gracieusement dans le creux de sa main.

Du reste Gringoire ne lui laissa pas le temps de reprendre sa rêverie. Il hasarda une question délicate.

– Ne voulez-vous donc pas de moi pour votre mari ?   5

La jeune fille le regarda fixement, et dit : - Non.

– Pour votre amant ? reprit Gringoire.

Elle fit sa moue, et répondit : Non.

– Pour votre ami ? poursuivit Gringoire.

Elle le regarda encore fixement, et dit après un moment de réflexion :   10

– Peut-être.

Ce *peut-être*, si cher aux philosophes, enhardit Gringoire.

– Savez-vous ce que c'est que l'amitié ? demanda-t-il.

– Oui, répondit l'Égyptienne. C'est être frère et sœur, deux âmes qui se touchent sans se confondre, les deux doigts de la main.   15

– Et l'amour ? poursuivit Gringoire.

– Oh ! l'amour ! dit-elle, et sa voix tremblait, et son œil rayonnait. C'est être deux et n'être qu'un. Un homme et une femme qui se fondent en un ange. C'est le ciel.   20

La danseuse des rues était, en parlant ainsi, d'une beauté qui frappait singulièrement Gringoire, et lui semblait en rapport parfait avec l'exaltation presque orientale de ses paroles. (…)

Victor Hugo, *Notre-Dame de Paris*, 1831.

Pour mieux comprendre

Quelques verbes au passé simple *(exprime une action du passé qui ne se produit qu'une fois)* : **se mit** (mettre) ; **laissa** (laisser) ; **hasarda** (hasarder : poser une question et avoir peur de la réponse) ; **reprit** (reprendre) ; **fit** (faire) ; **poursuivit** (poursuivre) : continuer ; **enhardit** (enhardir : devenir plus hardi, plus courageux).

Djali : la chèvre d'Esmeralda. (Prononcer Esméralda)

Émietter : faire de tout petits morceaux.

Fixement : sans bouger les yeux.

Faire la moue : avancer les lèvres. C'est un signe de refus.

Une âme : un esprit.

Confondre, se fondre : être deux et ne faire plus qu'un.

Un ange : un être doux et gentil, entre Dieu et l'homme.

Rayonnait : brillait comme un soleil.

Frappait singulièrement : ressentir une impression très forte et un peu bizarre.

Une exaltation : le fait d'être transporté hors de soi par un sentiment très fort.

Notre-Dame : la très belle cathédrale (grande église) gothique de Paris, construite à partir de 1163.

Oriental(e) : qui vient de l'Orient ; ici, l'Égypte.

Découverte

1 Quel est le titre et l'auteur du roman d'où ce passage est extrait ? Avez-vous entendu parler de ce roman ? Quelle ville et quel monument sont cités ?

2 Regardez le chapeau : à quel moment se passe cette histoire ? Lisez la partie du manuel qui parle de cette époque. Que se passe-t-il, au même moment, dans votre pays ?

3 Regardez le texte. Comment est-il composé ?

4 Lisez tout le texte. Que comprenez-vous ? De quoi s'agit-il ?

5 Dans les deux premières phrases, repérez les mots qui portent une majuscule : qui est le personnage féminin, le personnage masculin, le personnage non humain ?

Exploration

1 Dans tout le texte, relevez le mot et les deux expressions qui se rapportent à Esmeralda.

....

2 Dans le dernier paragraphe, un nom et un adjectif donnent d'autres renseignements sur elle. Retrouvez-les. Comment imaginez-vous Esmeralda ? (Aidez-vous des réponses à la question 1).

....

3 Soulignez les trois premières questions de Gringoire. Comment lui répond Esmeralda ? Qu'est-ce que ses réponses nous apprennent sur son caractère ?

....

4 Lisez la définition de l'amitié pour Esmeralda. Quelle partie de sa définition vous touche le plus ? Dites pourquoi.

....

5 Dernière réplique : relevez le mot, la ponctuation et les deux groupes de mots qui montrent l'émotion d'Esmeralda. Que ressent-elle : de la joie, de la peur, de l'exaltation ?

....

6 Relisez la définition qu'Esmeralda donne de l'amour : quel est le point commun et quelles sont les différences avec l'amitié ? Pour vous, qu'est-ce qui est poétique dans ses paroles ?

....

7 Discussion : êtes-vous d'accord avec la définition qu'Esmeralda donne de l'amour ? Expliquez votre réponse.

....

Une allée
du Luxembourg

Gérard de Nerval

(Paris, 1808 – 1855)

De son vrai nom Gérard Labrunie, Nerval passe son enfance <u>pleine</u> de rêves dans le Valois et <u>s'éveille</u> à la poésie populaire, plus libre que la poésie formelle. Il se passionne pour la littérature allemande, traduit Goethe. Il est <u>follement</u> amoureux de l'actrice Jenny Colon, figure symbolique <u>que</u> <u>l'on</u> <u>retrouve</u> dans ses poèmes. Poète voyageur, Nerval part en Orient en 1843 à la <u>suite</u> d'une première crise de <u>folie</u> et écrira *Voyage en Orient* (1851). Il vit pendant dix ans de petits <u>métiers</u> (journalisme, édition…). En 1853, la folie le <u>reprend</u> et il est <u>interné</u> dans la clinique du docteur Blanche : dans ses moments de lucidité, il écrit des chefs-d'œuvre poétiques : *Les Chimères* (1854), *Petits châteaux de Bohème* (1853), des récits : *Sylvie* (1853), *Les Filles du feu* (1854), *Aurélia* (1855). On le découvre <u>pendu</u> près du Châtelet, dans la rue de la Vieille-Lanterne. Pour Nerval, l'écriture poétique lui fait découvrir son destin et lui ouvre « les portes mystiques » qui le séparent du monde réel.

[handwritten annotations: full; wake/reveal/arouse gentle beam; crazy; ? find; series; insanity/madness; line of work; hung near; real]

Elle a <u>passé</u>, la jeune fille
<u>Vive</u> et <u>preste</u> comme un oiseau :
À la main une fleur qui <u>brille</u>,
À la bouche un refrain nouveau.

C'est peut-être la seule au monde
Dont le cœur <u>au mien répondrait</u>,
Qui venant dans ma nuit profonde
D'un <u>seul regard</u> l'éclaircirait !

Mais non, – ma jeunesse est finie…
Adieu, <u>doux rayon qui m'as lui</u>, –
Parfum, jeune fille, harmonie…
Le b<u>onheur</u> pa<u>ssait</u>, - <u>il a fui</u> !

[line numbers: 5, 10]

[handwritten annotations: Lively; swift; brilliant; to mine respond; single look; light it; enlightens me; it has fled]

Gérard de Nerval, *Odelettes*, 1832-1835.

Pour mieux comprendre

[handwritten: inmate]

Une allée : à Paris, le Jardin du Luxembourg a des allées, des chemins où les gens se promènent.

A passé : (v. *passer* au passé composé) : 1) elle a marché dans l'allée 2) elle est partie, elle a disparu.

Vive/vif : qui est en vie ; ici, qui est rapide, qui marche avec légèreté.

Preste : rapide, agile.

Briller : répandre de la lumière, éclairer (le soleil brille).

Un refrain : un groupe de mots repris, répété dans une chanson ou dans un poème.

Seule : unique.

Une nuit profonde : l'obscurité ; ici, le côté noir, mélancolique du poète.

Éclaircirait (v. *éclaircir* au conditionnel présent) : rendre clair ; ici, apporter de la lumière à la nuit du poète.

Adieu : on dit ce mot quand on quitte une personne pour toujours ou pour longtemps.

Un rayon : la lumière du soleil, de la lune.

As lui (v. *luire* au passé composé) : briller. (Le soleil luit.)

Une harmonie : une musique mélodieuse, un son agréable à entendre.

A fui (v. *fuir* au passé composé) : partir vite.

Découverte

1 Observez le texte : que remarquez-vous sur sa forme ?

2 Lisez le titre : où se trouve l'allée dont parle le poète ? (Regardez « Pour mieux comprendre »). Qu'est-ce qu'on y fait ?

~logement

3 À votre avis, de quoi le poète va-t-il parler ?

opinion

4 Lisez le vers 1 : de qui parle-t-il ?

Exploration

1 Lisez le poème. Vers 1-2 : que fait la « jeune fille » ? Comment est-elle décrite ? À qui le poète la compare-t-il ? Quelle image la comparaison donne-t-elle de la jeune fille ?

....

2 Vers 3-4 : pourquoi le poète remarque-t-il cette « jeune fille » ? Quels sont les trois sens (goûter, voir, sentir, entendre, toucher) qui sont stimulés (excités) ? Que ressentez-vous à l'image de cette « jeune fille » ?

....

3 Dans la strophe 2, le poète est malheureux (« ma nuit profonde ») : quel verbe s'oppose à « nuit profonde » ? Qu'est-ce que la jeune fille peut lui apporter ?

....

4 Vers 9 : quel âge peut avoir le poète ? Qu'est-ce qui devient impossible pour lui ? Quels mots du vers 1 sont en relation avec ceux de ce vers ?

....

5 Vers 10-11 : que représente le « doux rayon » ? À qui, à quoi le poète fait-il ses adieux ? Quels sont les mots dans la strophe 1 qui rappellent ce que le poète quitte ?

....

6 Vers 12 : à quoi le bonheur est-il associé ? Qu'est devenu « le bonheur » ? (Reportez-vous aux vers 1 et 9). Quel sentiment éprouvez-vous à la lecture de ce dernier vers ?

....

7 Finalement, le poète a-t-il décrit l'allée du Luxembourg ? À votre tour, choisissez un lieu que vous ne décrivez pas mais qui vous rappelle un souvenir, un rêve.

....

Consuelo

George Sand

(Paris, 1804 – Nohant, 1876).
Après une enfance libre
à Nohant, à la campagne,
Aurore Dupin se marie avec
le baron Dudevant. En 1831,
elle se sépare de lui. Elle vient
chercher la gloire littéraire
à Paris et prend le pseudonyme
masculin de George Sand
en 1832 pour publier son
premier roman, *Indiana*.
Suivent *Valentine, Lélia* (1833).
Ses romans féministes
la rendent célèbre. De 1833
à 1835, une folle passion
l'attache à Musset. Après
sa rupture, elle s'intéresse
à la politique. De 1839 à 1848,
elle aime le musicien polonais
Frédéric Chopin. En 1848,
elle s'enthousiasme pour
la révolution mais est déçue
par Napoléon III sous le second
Empire. Elle retourne
à Nohant. Ses célèbres romans,
La Mare au diable (1846),
La Petite Fadette (1848),
François le Champi (1849)
chantent la campagne.
C'est l'une des premières
femmes écrivaines reconnues
dans le monde littéraire
très misogyne de son époque.

Consuelo est une jeune fille, Anzoleto, un garçon ; ils ont entre 14 et 15 ans.

« Qu'as-tu donc à me regarder ainsi ? lui dit Consuelo en le
voyant entrer chez elle et la contempler d'un air étrange sans lui
dire un mot. On dirait que tu ne m'as jamais vue ;
– C'est la vérité, Consuelo, répondit-il. Je ne t'ai jamais vue.
– As-tu l'esprit égaré ? reprit-elle. Je ne sais pas ce que tu veux dire. 5
– Mon Dieu ! mon Dieu ! Je le crois bien s'écria Anzoleto. J'ai une
grande tache noire dans le cerveau à travers laquelle je ne te vois pas.
– Miséricorde ! tu es malade, mon ami ?
– Non, chère fille, calme-toi, et tâchons de voir clair. Dis-moi,
Consuelita, est-ce que tu me trouves beau ? 10
– Mais certainement, puisque je t'aime.
– Et si tu ne m'aimais pas, comment me trouverais-tu ?
– Est-ce que je sais ?
– Quand tu regardes d'autres hommes que moi, sais-tu s'ils sont 15
beaux ou laids ?
– Oui ; mais je te trouve plus beau que les plus beaux.
– Est-ce parce que je le suis, ou parce que tu m'aimes ?
– Je crois bien que c'est l'un et l'autre. D'ailleurs tout le monde dit
que tu es beau, et tu le sais bien. 20
(…)

George Sand, *Consuelo*, chapitre VIII, 1842.

Pour mieux comprendre

Contempler d'un air étrange : observer
avec attention et avec une expression
bizarre, peu normale.

L'esprit égaré : fou.

Une tache noire dans le cerveau : une
image qui signifie qu'il a un espace vide
dans la tête.

Miséricorde : une expression exclamative
qui marque une surprise et une grande
inquiétude.

Tâchons de : v. *tâcher de*, essayer de.

Comment me trouverais-tu ? : qu'est-ce
que tu penserais de moi ?

Laid : qui n'est pas beau.

Je le suis : je suis beau.

D'ailleurs : en plus.

Découverte

1 Quel est le titre du livre d'où ce passage est extrait ? Comment s'appelle l'auteur ? Lisez sa biographie et donnez l'origine de son nom. *~~Saison~~ le titre du livre est "Consuelo." L'auteur s'appelle George Sand.*

2 Observez le texte. Quel est le type de passage proposé ? Numérotez chaque réplique. *Le type de passage proposé est la forme dialogue. La forme était très populer avec l'auteurs qui ont gach a censure ou communiquer.*

3 Lisez le chapeau (en italique au-dessus du texte). Présentez les deux personnages. À votre avis, de quoi vont-ils parler ? *Ils parlent ~~à à p~~ au sujet de l'amour et l'insécurité que vient quand vous donnez votre cœur ~~parti~~...*

4 Lisez la première réplique. Qui parle et à qui ? Quelle est la question ? Soulignez les groupes de mots qui montrent l'attitude de la personne face à Consuelo. Faites des hypothèses sur ce qui va se passer. *Anzoleto parle à Consuelo dans la première replique. - La question est "comment me voyez-vous ?"*

Exploration

1 Lisez le texte et vérifiez vos hypothèses. Qu'avez-vous compris ?

....

2 À partir de la réplique 2 : que répond Anzoleto à Consuelo ? Repérez l'expression qui montre que Consuelo pense qu'il est fou. Pourquoi ne la voit-il pas ? Selon vous, que signifient les paroles d'Anzoleto : il est sérieux, il se moque d'elle… ?

....

3 Réplique 6 : quelles sont les demandes d'Anzoleto ? Il lui dit : « *Tâchons de voir clair.* » Sur quel sujet veut-il voir plus clair ?

....

4 Pourquoi Consuelo trouve-t-elle beau Anzoleto ? Que pensez-vous de sa réponse ?

....

5 Réplique 8 : si elle n'aimait pas Anzoleto, est-ce qu'elle le trouverait toujours aussi beau ? En posant cette deuxième question, que cherche à savoir Anzoleto ?

....

6 Dernière question de l'adolescent : à votre avis, veut-il vraiment savoir si Consuelo le trouve beau ou si elle l'aime ? Peut-on répondre à cette question ?

....

7 Avec vos mots, reformulez la réponse de Consuelo. Que veut montrer George Sand sur le début du sentiment amoureux entre ces deux jeunes personnages ?

....

8 Aimons-nous une personne parce qu'elle est belle ou est-elle belle grâce à notre amour ? Quelle est votre opinion ?

Les roses
de Saadi

Marceline
Desbordes-Valmore

(Douai, 1786 – Paris, 1859)
Son père, peintre d'enseignes, n'a plus d'argent au moment de la Révolution française. Marceline et sa mère partent pour la Guadeloupe, demander l'aide d'une parente riche. Mais sur l'île, il y a la fièvre jaune qui tuera sa cousine et sa mère. De retour en France, elle devient comédienne et se marie avec Prosper Lanchantin, dit Valmore, lui-même comédien. Elle quitte le théâtre en 1823, se met à l'écriture : elle y exprime la souffrance d'une passion malheureuse pour un homme de lettres, Henri de Latouche. Elle écrit des poésies : *Élégies* (1819), *Les pleurs* (1833), *Pauvres fleurs* (1939), *Bouquets et prières* (1843) et des récits pour enfants. Femme sensible et passionnée, elle a eu une vie très dure : difficultés matérielles, peines de cœur, deuils (elle perdra quatre enfants). Baudelaire, Verlaine et Breton ont rendu hommage à sa poésie triste et mélancolique.

J'ai voulu ce matin te rapporter des roses ;
Mais j'en avais tant pris dans mes ceintures closes
Que les nœuds trop serrés n'ont pu les contenir.
Les nœuds ont éclaté. Les roses envolées
Dans le vent, à la mer s'en sont toutes allées.
Elles ont suivi l'eau pour ne plus revenir.
La vague en a paru rouge et comme enflammée.
Ce soir, ma robe encore en est toute embaumée…
Respires-en sur moi l'odorant souvenir.

Marceline Desbordes-Valmore, vers 1848,
in *Poésies inédites* (1860).

Pour mieux comprendre

Saadi, Mosleh-od-Dîn : grand poète persan du XIIᵉ-XIIIᵉ siècles ; ses écrits, *Le Verger* et *La Roseraie,* ont servi d'exemples à beaucoup d'auteurs iraniens et étrangers.

Tant : beaucoup.

Mes ceintures closes : un morceau de tissu autour de la robe ; on fait un **nœud** bien attaché (**serré**) autour de la taille.

Contenir : tenir ensemble.

Ont éclaté : les nœuds se sont ouverts.

Envolées : les roses sont parties dans le vent.

Une vague : la mer bouge et fait des vagues.

Enflammée : en feu ; l'eau est devenue (**a paru**) rouge.

Embaumée : la robe est parfumée, elle sent bon.

Odorant : le souvenir a une odeur, un parfum.

Découverte

1 Observez la forme du texte : comment est-il composé ? (vers, strophes…)

2 Lisez le titre : quel est le thème ? Qui était Saadi et qu'a-t-il écrit ? Quel livre a pu inspirer Marceline Desbordes-Valmore ? (Regardez « Pour mieux comprendre »).

3 Pour vous, que représente la « rose » ?

4 Lisez le vers 1. Selon vous, qui parle ? Qu'est-ce que la personne a voulu faire ? Comment trouvez-vous son geste ?

5 Lisez le poème. Précisez qui est « je » et à qui il parle. Quels sont les deux moments de la journée qui sont cités ?

Exploration

1 Strophe 1 : où la poétesse met-elle les roses qu'elle prend ? En prenant beaucoup (tant) de roses, que s'est-il passé (vers 3 et première partie du vers 4) ?

....

2 Dans la deuxième partie du vers 4 et au vers 5, qu'est-il arrivé aux « roses » ? Où sont-elles allées ?

....

3 Vers 7 : pour la poétesse, de quelle couleur l'eau est-elle devenue ? Pourquoi ? Que signifie « enflammée » ? (Regardez « Pour mieux comprendre »). Comment comprenez-vous cette image ?

....

4 Soulignez le mot qui parle du vêtement de la poétesse. Quel adjectif le caractérise ? Qu'indique l'adverbe « encore » ?

....

5 Au vers 9, que demande-t-elle et à qui ? Que reste-t-il des roses ?

....

6 Relisez le poème et retrouvez les mots/expressions qui parlent des roses (mouvements, couleurs, odeur) et expliquez comment les « roses » sont devenues « l'odorant souvenir ».

....

L'invitation au voyage

Charles Baudelaire

(Paris, 1821 – 1867)
Critique d'art et de musique, traducteur d'Edgar Poe, représentant du Symbolisme, Baudelaire est d'abord « Le premier Voyant, roi des poètes, un vrai Dieu », selon Rimbaud. Il est né d'une mère de vingt-sept ans et d'un père de soixante-deux ans qui meurt quand l'enfant a six ans. Sa mère se remarie un an plus tard. L'enfant est contre ce mariage et va en pension. C'est le début de la solitude et du rejet de sa famille. Malgré des études brillantes, il est exclu du lycée. Sa vie de dandy désespère sa famille qui l'envoie à l'île Maurice et à La Réunion (1841-1842). Ces voyages peuvent expliquer son goût de l'exotisme et son amour pour « la Vénus noire », Jeanne Duval. Son œuvre poétique majeure, *Les Fleurs du mal* (1857), écrite sur 15 ans, condamnée pour immoralité, est une révolution dans l'art poétique. En 1862, il publie les *Petits poèmes en prose*. Il meurt paralysé à 46 ans.

Mon enfant, ma sœur,
Songe à <u>la douceur</u>
D'aller là-bas vivre ensemble !
Aimer à loisir,
Aimer et mourir   5
Au pays qui te ressemble !
Les soleils mouillés
De ces ciels brouillés
Pour mon esprit ont les charmes
Si mystérieux   10
De tes traîtres yeux,
Brillant à travers leurs larmes.
(All that is there, is only order....)
Là, tout n'est qu'ordre et beauté,
Luxe, calme et volupté.
(…)

Charles Baudelaire, *Les Fleurs du mal*, 1857.

My child, my sister,
(She) dreams of the tenderness
of going over there to live together!
To love pleasure,
To love and to die
In the country that you resemble!
The moored suns
of these sallow skies
So mysterious
of your traitorous eyes
Glowing across their teardrops
There all is not ordered and beautiful
Luxurious, calm and sensual

Pour mieux comprendre

Songe à : rêver à…, imaginer.
À loisir : comme on le désire.
Mouillé : humide, plein d'eau à cause de la pluie.
Brouillé : trouble, flou, à cause de la pluie.
Un charme : une attirance magique, une séduction.

Mystérieux : secret, difficile à comprendre, qui peut faire peur.
Traître : dangereux, infidèle.
Des larmes : des pleurs (v. pleurer).
Le luxe : la beauté et le confort que l'argent peut offrir.
La volupté : le plaisir des sens, la sensualité.

Découverte

1 Quel est le titre de ce poème ? À quoi vous fait-il penser ?

2 De quel recueil (livre) ce poème est-il extrait ? Comment comprenez-vous l'association des deux mots du titre ?

3 Comment sont présentés les vers (lignes) de ce début de poème (espace, longueur…) ?

4 Lisez le premier vers. À qui parle le poète ? À votre avis, qui est cette personne ?

Exploration

1 Lisez l'extrait du poème. Relevez tous les mots qui représentent la personne à qui parle le poète. Où l'invite-t-il ? À qui « ressemble » ce lieu ?

....

2 Vers 4 et 5. Que vont-ils faire dans ce pays ? Quels verbes s'opposent ? Que veut dire le poète ?

....

3 Comment sont qualifiés « les soleils » et les « ciels » ? Quel est le point commun entre les deux adjectifs ? Quelle est l'opposition au vers 7 ?

....

4 Qu'est-ce que « les soleils » ont de particulier pour le poète (« pour mon esprit ») ? Quelle relation fait-il entre « les soleils » et les « yeux » ?

....

5 Comment les « yeux » sont-ils qualifiés ? Quel autre mot a le même son que « yeux » ? Comment le poète voit-il la personne aimée ?

....

6 Soulignez les deux mots à la fin des vers 9 et 12. Quel son ont-ils en commun et quel sens les oppose ? Que pensez-vous de cet amour ?

....

7 Relisez les vers 13 et 14. Recherchez le sens des cinq noms. À quoi vous font-ils penser (sensations, images…) ?

....

8 Où « luxe » est-il placé dans le vers et par rapport aux autres noms ? À votre avis, sur quoi Baudelaire veut-il insister en choisissant cette disposition ?

....

9 Selon vous, que signifie cette « invitation au voyage » pour Charles Baudelaire ?

....

Chanson
d'automne

Paul Verlaine

(Metz, 1844 – Paris, 1896)
À sa naissance, ce fils
d'officier est consacré
à la Vierge par sa mère.
À 14 ans, il écrit déjà de
la poésie. Sa vie sera marquée
par des amours difficiles
et l'alcoolisme. À 22 ans, quand
paraît son premier recueil,
Poèmes saturniens, il reçoit les
compliments de Victor Hugo.
Il se marie en 1870 mais
sa passion (de 1871 à 1873)
pour le jeune poète Rimbaud
se termine par deux ans
de prison pour avoir voulu
le tuer. Pendant son
enfermement, il écrit
Romances sans paroles (1874)
et se tourne vers Dieu. Il
compose *Sagesse* (1874-1880),
Amour (1888-1892), poèmes
mystiques puis *Jadis
et Naguère* (1884). Malgré
le soutien de ses admirateurs
(Baudelaire), sa poésie se vend
peu. Verlaine ressemble plus
à un vagabond qu'au « Prince
des poètes ». Il meurt dans
la misère, mais une foule
de Français l'accompagnent
jusqu'au cimetière.
La musicalité de ses vers
le classe parmi les plus grands
poètes.

Les sanglots longs
Des violons
De l'automne
Blessent mon cœur
D'une langueur
Monotone.   5

Tout suffocant
Et blême, quand
Sonne l'heure,
Je me souviens
Des jours anciens   10
Et je pleure ;

Et je m'en vais
Au vent mauvais
Qui m'emporte   15
Deçà, delà,
Pareil à la
Feuille morte.

Paul Verlaine, *Paysages tristes* in *Poèmes saturniens*, 1866.

Pour mieux comprendre

Un sanglot : une respiration brusque
   causée par une crise de pleurs.
Un violon : un instrument de musique
   à quatre cordes.
Blessent (v. *blesser*) : faire très mal
   à quelqu'un.
Une langueur : une extrême faiblesse
   causée par la tristesse ou la maladie.

Monotone : qui se répète et qui rend
   triste.
Suffocant : qui a du mal à respirer.
Blême : qui a le visage très blanc.
Je m'en vais (v. *s'en aller*) : je pars.
Deçà, delà : ici et là.
Une feuille morte : pendant l'automne,
   les feuilles des arbres tombent.

ACTIVITÉS

Découverte

1 Lisez le titre du poème. À quoi vous fait penser le mot « chanson » ? Et le mot « automne » ?

2 Dans quelle partie du recueil *Poèmes saturniens* se trouve *Chanson d'automne* ? Qu'est-ce que ce titre évoque pour vous ?

3 Regardez la disposition des vers (lignes). Commencent-ils tous à la même place ? Cette présentation donne-t-elle ou non une impression de régularité, de continuité ?

4 Lisez le premier et dernier vers. Quels sentiments sont exprimés ?

Exploration

1 Lisez le poème. Que ressentez-vous ?

....

2 Soulignez les trois verbes conjugués à la première personne. Qui est « je » et que fait-il ?

....

3 Cherchez les trois autres verbes conjugués à la troisième personne. Qui fait quoi ?

....

4 Qu'est-ce qui blesse le *cœur* du poète ? Quelle est la caractéristique de cette blessure ?

....

5 Relevez les mots qui font penser au bruit, à la musique, à la saison et au temps qui passe. Puis classez-les selon ces quatre catégories.

....

6 Première strophe (partie) : soulignez les rimes (la syllabe finale de chaque vers). Quels vers ont des rimes qui se suivent ? Faites la même chose avec les deux autres strophes. Que remarquez-vous ?

....

7 Cherchez les mots suivants dans le dictionnaire : mélancolie, regret, nostalgie, renoncement. Lequel choisissez-vous pour parler de ce poème ?

....

8 Relisez le poème et apprenez-le.

Sensation

Arthur Rimbaud

(Charleville, 1854 – Marseille, 1891)

Enfant mal aimé d'une mère autoritaire, il trouve une aide auprès d'un professeur, qui l'encourage dans sa passion de la poésie. Il admire Victor Hugo et les poètes du Parnasse ; très jeune, il se révolte contre l'ordre social. À 16 ans, il quitte la maison familiale, écrit *Le Bateau ivre* et sa célèbre *Lettre du voyant* où il présente sa vision d'une poésie nouvelle. Il rencontre le poète Verlaine, ils deviennent amis et partent ensemble en Belgique et en Angleterre. De 1872 à 1873, il compose *Une saison en enfer* et *Illuminations* (poèmes en prose). À 21 ans, il abandonne la poésie, part pour l'Afrique où il vend des armes. Il doit revenir à Marseille en 1891 pour se faire couper la jambe droite et il meurt la même année. Son œuvre a profondément bouleversé la création poétique contemporaine.

Par les soirs bleus d'été, j'irai dans les sentiers,
Picoté par les blés, fouler l'herbe menue :
Rêveur, j'en sentirai la fraîcheur à mes pieds.
Je laisserai le vent baigner ma tête nue.

Je ne parlerai pas, je ne penserai rien :   5
Mais l'amour infini me montera dans l'âme,
Et j'irai loin, bien loin, comme un bohémien,
Par la Nature, - heureux comme avec une femme.

Mars 1870

Arthur Rimbaud : *Poésies*, 1868-1870.

[Annotations manuscrites : evenings, I will go, paths, prick, corn, march, fine herbs, Dreamer, will let, bathe, nude]

By the blue summer evenings, I will go in the paths. Pricked by the corn, trample march on the fine herbs : Dreamer, I will smell the freshness with my feet. I will let the wind bathe my nude head I will not speak, I will not think. But infinite love I will put in my sou I will go far, very far, like a bohémi By nature, happy as with a woman

Pour mieux comprendre

Une sensation : une émotion qu'une personne ressent.

Un sentier : un petit chemin de terre à la campagne.

Picoté : la peau est piquée légèrement par la pointe de l'épi de blé (céréale qui sert à fabriquer de la farine).

Fouler l'herbe menue : marcher sur l'herbe fine.

Un rêveur : une personne qui fait des rêves en dormant ou qui est dans un monde imaginaire (être dans la lune).

Laisserai (v. *laisser* au futur) : permettre, donner la liberté de.

Baigner : se mettre dans l'eau. Ici, c'est le souffle du vent qui fait bouger les cheveux du poète.

L'amour infini : un amour qui ne finit pas, un très grand amour.

Une âme : l'esprit ; en général, on l'oppose au corps.

Un bohémien : une personne pauvre et libre ; un artiste en marge de la société.

Heureux : content, joyeux.

Découverte

1 Lisez le titre et les références du bas.

2 Cherchez la définition du titre dans « Pour mieux comprendre » : imaginez le thème de ce poème.

3 Regardez le texte : de combien de parties (strophes) est-il composé ? Combien y a-t-il de vers dans chaque partie ?

4 Prononcer les mots en fin de vers : qu'entendez-vous ?

Exploration

1 Vers 8 : soulignez le mot avec la majuscule. Que représente ce mot pour vous ? Pourquoi Rimbaud met-il une majuscule ?

....

2 Qui parle (repérez le pronom personnel) ?

....

3 Lisez la première strophe : relevez tous les mots qui rappellent la nature. De quelle saison et de quel moment parle le poète ? Quelle sensation veut-il partager ?

....

4 Pour le poète, de quelle couleur sont « les soirs » ? Et vous, quelle couleur donnez-vous au soir ? Quel est l'état d'esprit de Rimbaud en choisissant cette couleur (joyeux, triste, mélancolique, heureux…) ?

....

5 Relisez le premier vers de la deuxième strophe : que dit le poète ? Quelles activités arrête-t-il de faire ? Qui pratique uniquement ces activités ? Reportez-vous au titre et au lieu et dites pourquoi le poète fait ce choix.

....

6 Relisez les deux strophes. Relevez tous les verbes conjugués. À quel temps sont-ils ? Quand emploie-t-on ce temps ? Qu'est-ce que le poète exprime en l'utilisant ?

....

7 « J'irai loin, bien loin, comme un bohémien » : à qui se compare le poète ? Pour vous, cette comparaison est-elle positive ou négative ? Aidez-vous de « Pour mieux comprendre » et justifiez votre réponse.

....

8 Dernier vers : quel est le bonheur que trouve le poète quand il est dans la nature ? Et vous, quelles sensations éprouvez-vous dans la nature ?

Les Rougon-Macquart

Histoire naturelle et sociale d'une famille sous le second Empire

La Fortune des Rougon (1869-1870) est le premier roman. Adélaïde Fouque, mariée au jardinier **Rougon**, a un fils, **Pierre**. Elle a une fille et un fils illégitimes avec **Macquart**, un contrebandier violent et alcoolique : **Ursule** et **Antoine**. L'histoire commence en 1851 à Plassans, en Provence et montre la réussite sociale des Rougon.

Émile Zola

(Paris, 1840 – 1902)
Le jeune Émile quitte Aix-en-Provence à sept ans, à la mort de son père, brillant ingénieur italien. Sans argent, sa mère s'établit à Paris. En 1862, il est naturalisé français. Il pratique divers métiers, devient journaliste dès 1864 et défend les peintres impressionnistes. À trente ans, il commence la saga des *Rougon-Macquart*, composée de 20 romans (1871-1893), inspirée de *La Comédie humaine* de Balzac. Chef de file du naturalisme, il analyse l'hérédité familiale et les conditions historiques et sociales. À cinquante-huit ans, dans l'article « *J'accuse* », il soutient la révision du procès du capitaine Dreyfus accusé de haute trahison. En 1902, il meurt asphyxié, assassinat dû à ses engagements politiques. En 1908, la IIIᵉ République fait transférer son corps au Panthéon.

La Curée 1872	Aristide, fils de **Pierre Rougon** Homme d'affaires	Début du Second Empire La corruption politique
Le Ventre de Paris 1873	Lisa, fille d'**Antoine Macquart** Charcutière aux Halles	Les petits et les gros commerçants des Halles
La Conquête de Plassans 1874	Marthe, fille de **Pierre Rougon** épouse François Mouret, fils d'Ursule	Pouvoir et ambition en province
La Faute de l'abbé Mouret - 1875	Serge Mouret, fils de Marthe Prêtre	Le mal et le bien dans la religion
Son Excellence Eugène Rougon - 1876	Eugène, fils de **Pierre Rougon** Député et ministre	Le monde politique
L'Assommoir 1877	Gervaise, fille d'**Antoine Macquart** Blanchisseuse, alcoolique	La misère du monde ouvrier
Une page d'amour 1878	Hélène Mouret, fille d'**Ursule Macquart**	L'amour à Paris
Nana 1880	Anna, fille de Gervaise Prostituée	La prostitution et les riches
Pot-Bouille - 1882	Octave Mouret, fils de Marthe	Hypocrisie de la bourgeoisie
Au Bonheur des Dames - 1883	Octave Mouret	La création des grands magasins
La Joie de vivre - 1884	Pauline Quenu, fille de Lisa	Névrose et générosité
Germinal 1885	Étienne Lantier, fils de Gervaise Machineur. Demi-frère de Nana.	La révolution industrielle, les patrons, les ouvriers
L'Œuvre 1886	Claude Lantier, fils de Gervaise Peintre. Il se suicide	Le monde des artistes
La Terre 1887	Jean, fils d'**Antoine Macquart** Paysan. Frère de Gervaise	Le monde paysan avare violent
Le Rêve 1888	Angélique, fille de Sidonie, la fille de **Pierre Rougon**	L'amour pur
La Bête humaine 1890	Jacques Lantier, fils de Gervaise Conducteur de train - Criminel	Les chemins de fer
L'Argent 1891	Aristide, fils de **Pierre Rougon** Homme d'affaires	Le capitalisme et la spéculation financière
La Débâcle 1892	Jean, fils d'**Antoine Macquart**, Soldat. Frère de Gervaise	Guerre franco-prussienne La Commune (1871)
Le Docteur Pascal 1893	Pascal, fils de **Pierre Rougon**, Médecin	Confirmation des lois de l'hérédité

Découverte

1 Lisez le titre et le sous-titre de l'œuvre. Comment s'appelle cette famille ? Selon vous, pourquoi porte-elle un double nom ? Que signifient les deux adjectifs « naturelle » et « sociale » ?

2 Lisez le chapeau. Présentez les enfants d'Adélaïde. Expliquez maintenant l'origine du double nom. Commencez à dessiner l'arbre généalogique de cette famille.

3 Que s'est-il passé en 1851 ? Lisez le début du panorama du XIXᵉ siècle et notez les grands changement politiques, économiques et sociaux de cette époque.

4 Lisez la biographie de Zola et reportez-vous au sous-titre. Qu'analyse Zola dans cette œuvre ? Comment s'appelle le courant littéraire dont il est le chef de file ?

Exploration

1 Lisez le document. Les informations sont classées en trois colonnes : à quoi correspondent-elles ? Numérotez les romans.

....

2 Retrouvez les trois fils de Pierre Rougon et placez leur nom dans l'arbre généalogique que vous avez commencé. Quels sont les quatre romans dont ils sont les héros ? Quels sont les thèmes de ces romans ?

....

3 Retrouvez le roman « L'Assommoir ». Quel est le lien familial entre Gervaise et l'un des enfants d'Adélaïde ? Quel point commun a-t-elle avec son père ? Quelle est sa classe sociale ?

....

4 Qui sont les quatre enfants de Gervaise ? Présentez-les (profession, vie...). Qu'est-ce que leur mère leur a « donné » à la naissance, sur le plan génétique (hérédité) ?

....

5 À quels événements historiques le roman *La Débâcle* fait-il référence ? Consultez le panorama historique. Quel régime politique se termine ? À quel stade est l'œuvre de Zola (reportez-vous au sous-titre de l'œuvre) ?

....

6 Classez les différents romans dans les catégories suivantes : le monde politique, économique, social, religieux et artistique (certains romans peuvent se retrouver dans plusieurs catégories). Selon vous, quels sont les thèmes les plus représentés ?

....

7 Quelle est la profession du personnage du dernier roman ? Revenez au projet de Zola : que voulait-il faire ? (reportez-vous à la question 4 de « Découverte »). Maintenant, comprenez-vous le choix de cette profession pour le dernier roman de son œuvre ?

....

8 Complétez l'arbre généalogique avec les autres personnages (profession, vie, mort).

Correspondances

À GEORGE SAND

[Paris, 15 février 1872.]

Chère bon Maître,

Pouvez-vous faire pour *Le Temps* un article sur *Dernières chansons ?* Cela m'obligerait beaucoup. Voilà ! *This/(he) would oblige*

J'ai été malade toute la semaine dernière. J'avais la gorge dans un état hideux. Mais j'ai beaucoup dormi, et je re-suis à flot. J'ai recommencé mes lectures pour *Saint Antoine*.

Je vous embrasse comme je vous aime, c'est-à-dire très fort.

Il me semble que *Dernières chansons* peut prêter à un bel article. – À une oraison funèbre de la Poésie. Elle ne périra pas. Mais l'éclipse sera longue ! Et nous entrons dans ses ténèbres.

Voyez si le cœur vous en dit. – Et répondez-moi par un petit mot.

GEORGE SAND À GUSTAVE FLAUBERT

Nohant, 17 février 1872.

Mon troubadour,

Je pense à ce que tu m'as demandé et je le ferai ; mais cette semaine, il faut que je me repose. J'ai trop fait la folle au carnaval avec mes petites-filles et mes petits-neveux.

Je t'embrasse pour moi et toute ma couvée.

G. SAND.

Gustave Flaubert, *Correspondances*, tome 4, 1872.

Gustave Flaubert

(Rouen, 1821 – Croisset, 1880)
Il passe une enfance malheureuse dans l'univers *universe* de l'hôpital, où son père était chirurgien. Il se sent délaissé *feel/give up* par sa famille qui porte tout ses espoirs sur son grand frère. *hope* À 17 ans, il aime passionnément Elisa Schlésinger, femme d'un éditeur, plus âgée que lui ; elle lui inspire *L'Éducation sentimentale* (1869). En 1844, il a des crises nerveuses et arrête ses études. Il voyage en Orient, rencontre Louise Colet qui devient sa confidente. Flaubert commence aussi une longue correspondance avec des amis comme G. Sand, T. Gautier, G. de Maupassant, A. Daudet qui sera publiée plus tard.

En 1857 paraît *Madame Bovary*, livre condamné pour immoralité. Le succès de *Salammbô* (1862) place Flaubert parmi les plus grands écrivains de son temps. Fatigué par la maladie, les difficultés financières et le travail, il meurt en 1880. Il est le représentant du courant littéraire appelé le réalisme.

Pour mieux comprendre

George Sand : (1804-1876) féministe, socialiste, amoureuse passionnée (Musset, Chopin), c'est l'une des premières femmes écrivaines reconnue de son époque.

Nohant : village dans le Berry, dans le centre de la France où George Sand possédait une maison familiale.

Le Temps : un journal fondé en 1829.

Un article : un texte sur *Dernières chansons*, livre d'un ami de Flaubert.

Cela m'obligerait : je vous serais reconnaissant de ce service (je vous remercie énormément).

Hideux : qui fait très mal.

Re-suis à flot : je suis de nouveau en bonne santé.

Saint Antoine : livre de Flaubert (1848-1872) qui deviendra *La Tentation de Saint Antoine*.

Peut prêter à : peut faire l'objet de.

Une oraison funèbre : un discours religieux dit en public à la mort d'une personne.

Périra *(v. périr) :* mourir.

Si le cœur vous en dit : si vous avez le désir de le faire.

Une éclipse : le moment où la lune cache le soleil : il fait nuit **(les ténèbres)**.

Un troubadour : un poète du XIIᵉ-XIIIᵉ siècle (Moyen Âge), qui chante l'amour.

Une couvée : l'ensemble des petits de la poule ; ici, tous les petits enfants.

Découverte

1 Lisez les noms en majuscules : qui sont ces personnes ? Pour vous aider, lisez la biographie et « Pour mieux comprendre ».

2 Combien y a-t-il de textes ? Quel est le type de texte proposé ? (Aidez-vous des références en bas du document).

3 Où et quand ces personnes écrivent-elles ? Quel âge ont-elles au moment où elles correspondent ?

Exploration

1 Comment Flaubert appelle-t-il George Sand au début de sa lettre ? Soulignez les deux adjectifs. Que remarquez-vous du point de vue grammatical ? Et Sand, comment l'appelle-t-elle ? Quel est le sens de ce mot ? Quels sentiments expriment-ils l'un pour l'autre ?

....

2 Retrouvez dans leur lettre les pronoms personnels qu'ils utilisent pour se parler. Expliquez pourquoi l'utilisation de ces pronoms confirme votre réponse de la question 1.

....

3 Première lettre : dans la première et dernière phrase, que demande Flaubert à George Sand ? Quel est l'autre métier de George Sand ?

....

4 Soulignez le début de la première phrase de Sand jusqu'au point-virgule (;) : répond-elle à la demande de Flaubert ? Lisez la suite et dites ce qu'elle doit d'abord faire. Pourquoi ?

....

5 Avec qui était-elle ? Souvenez-vous de son âge. Comment parle-t-elle d'elle ?

....

6 Relisez le paragraphe 2 de la lettre de Flaubert. Que lui est-il arrivé ? Quelle activité (littéraire) reprend-il ?

....

7 Vous répondez à Flaubert que vous ne pouvez pas faire l'article en justifiant votre réponse.

....

Le papa de Simon

Vers la fin du XIXe siècle, à la campagne, dans un village, à la sortie de l'école…

« Comment t'appelles-tu, toi ? »

Il répondit : « Simon.

– Simon quoi ? » reprit l'autre.

L'enfant répéta tout confus : « Simon. »

Le gars lui cria : « On s'appelle Simon quelque chose… c'est pas 5
un nom, ça… Simon. »

Et lui, prêt à pleurer, répondit pour la troisième fois : « Je m'appelle
Simon. »

Les galopins se mirent à rire. Le gars triomphant éleva la voix :
« Vous voyez bien qu'il n'a pas de papa. » 10

Un grand silence se fit. Les enfants étaient stupéfaits par cette
chose extraordinaire, impossible, monstrueuse, - un garçon qui n'a
pas de papa ; ils le regardaient comme un phénomène, un être hors
de la nature, et ils sentaient grandir en eux ce mépris, inexpliqué
jusque-là, de leurs mères pour la Blanchotte. 15

Quant à Simon, il s'était appuyé contre un arbre pour ne pas tomber ; et il restait comme atterré par un désastre irréparable. Il cherchait à s'expliquer. Mais il ne pouvait rien trouver pour leur
répondre, et démentir cette chose affreuse qu'il n'avait pas de papa.

Guy de Maupassant, *L'Enfant et autres histoires de famille*, nouvelles, 1879-1889. 20

Guy de Maupassant

(Fécamp, 1850 – Paris, 1893)
Il passe son enfance
en Normandie. Ses parents
se séparent quand il a 12 ans.
Il montre ses écrits à Flaubert,
son parrain, et ami d'enfance
de sa mère. À vingt ans,
il participe à la guerre de 1870
contre la Prusse, dont il garde
en mémoire les visions
d'horreur. Maupassant
consacrera seulement dix ans
de sa vie à écrire 300 nouvelles
et 6 romans. L'écrivain aime
les fêtes, les plaisirs de la vie.
Il fréquente les Impressionnistes,
Monet, Renoir, rencontre
l'écrivain russe Tourgueniev.
Il fréquente l'école naturaliste
dont le chef de file est Zola. Une
nouvelle : *Boule-de-Suif* (1880),
« un chef d'œuvre » selon
Flaubert, deux recueils
de contes : *La Maison Tellier*
(1881), *Les Contes de la bécasse*
et deux romans : *Une Vie*
(1883), *Bel-Ami* (1885) en font
l'auteur le plus vendu après
Zola. Il meurt fou à 43 ans
après 18 mois d'enfermement
à l'hôpital psychiatrique.

Pour mieux comprendre

Confus : gêné.

Un gars : mot familier pour parler d'un garçon assez âgé.

Un galopin : un garçon qui fait des bêtises.

Se mirent à : (v. *se mettre à…* au passé simple) : commencer à…

Triomphant : heureux d'avoir gagné.

Se fit (v. *se faire* au passé simple) : il y a un silence.

Stupéfait : très surpris et immobile.

Un phénomène : une personne anormale qu'on montre dans les cirques.

Le mépris : le non respect, le contraire de l'estime.

La Blanchotte : la mère de Simon.

Atterré : désespéré et choqué à cause d'une terrible nouvelle.

Un désastre irréparable : une catastrophe qui ne peut être effacée.

Démentir : dire ce qui n'est pas vrai.

Découverte

1 Quel est le titre du livre d'où ce passage est extrait ? Quels sont les thèmes ? Quel est le genre littéraire ?

2 Lisez la biographie de Guy de Maupassant. Qu'est-ce qu'il a écrit principalement ?

3 Lisez le chapeau (qui est placé au-dessus du texte). Où et quand se passe l'histoire ?

4 Imaginez l'histoire d'après le titre « Le papa de Simon ».

5 Lisez le texte. Quel peut être l'âge de Simon ? Quelle est la situation ?

Exploration

1 Cherchez la phrase qui explique exactement le problème de Simon.

....

2 Ligne 5, « …c'est pas un nom, ça… Simon. » : comment comprenez-vous le sens de cette phrase ?

....

3 Combien de fois l'enfant répète-t-il « Simon » ? Pourquoi selon vous ? Soulignez les deux expressions qui montrent son émotion.

....

4 Par quel mot est nommé le garçon qui pose la question à Simon ? A-t-il le même âge ? Quel est l'adjectif qui le qualifie ? Imaginez-le physiquement.

....

5 Soulignez l'autre nom qui représente le groupe d'enfants. Quel est son sens ?

....

6 Relisez les deux derniers paragraphes. Quelle est « cette chose » ? Comment les enfants la qualifient-ils ? Comment Simon la qualifie-t-il ?

....

7 Comment les enfants regardent-ils Simon ? Cherchez le sens du mot « mépris » : quel est le sentiment des enfants pour Simon ?

....

8 Dernier paragraphe : où se trouve Simon et comment est-il ?

....

9 Cette scène est très visuelle. Vous êtes cinéaste : préparez à plusieurs une mise en scène (nombre de personnages, âge, gestes, dialogues, etc.).

....

L'Enfant

Jules Vallès

(Le Puy, 1832 – Paris, 1885)
Son enfance est malheureuse entre une mère qui le frappe, le tyrannise et un père, professeur, lui aussi très sévère. À 16 ans, il vient à Paris pour ses études supérieures mais la révolution de 1848 transforme Jules Vallès en vrai républicain, toujours du côté du peuple et des ouvriers. Professeur, journaliste, il fonde la revue *La Rue* en 1867. Pendant la guerre franco-prussienne (1870), il est interné pour ses idées révolutionnaires. Libéré grâce à la Révolution qui met fin au second Empire, il participe à la Commune de Paris et crée *Le Cri du peuple*. Condamné à mort, il fuit à Londres. De 1878 à 1886, il écrit son œuvre maîtresse, la trilogie de *Jacques Vingtras* (*L'Enfant, le Bachelier, L'Insurgé*). Zola félicite le nouvel écrivain. Ses livres sur la souffrance de *L'Enfant,* la colère du *Bachelier,* la révolte de *L'Insurgé* s'inspirent de sa vie personnelle.

Dédicace

À TOUS CEUX

qui crèvent d'ennui au collège
ou
qu'on fit pleurer dans la famille,
qui, pendant leur enfance,
furent tyrannisés par leurs maîtres
ou
rossés par leurs parents

Je dédie ce livre

Jules Vallès.

Jules Vallès, *L'Enfant*, 1er tome de la trilogie
de *Jacques Vingtras*, 1879.

Pour mieux comprendre

Un bachelier : un élève qui a réussi au baccalauréat.

Un insurgé : une personne qui se révolte contre l'autorité.

À tous ceux : pour toutes les personnes.

Crèvent d'ennui : mourir d'un sentiment de vide, du manque de plaisir et de rêve.

On fit pleurer (v. *faire* au passé simple) : on a fait souffrir.

Furent tyrannisés (v. *être* au passé simple) : ont été tyrannisés, torturés moralement et physiquement, battus durement.

Leurs maîtres : leurs professeurs.

Rossés : qui sont battus durement, qui reçoivent des coups très violents.

Je dédie (v. *dédier*, faire une **dédicace**) : Jules Vallès offre ce livre à…

Découverte

1 Lisez la biographie de Jules Vallès. Parlez de son enfance, de ses parents.

2 Reportez-vous à la présentation historique du XIXᵉ siècle. Quels sont les grands événements sociaux et politiques qui ont eu lieu pendant la vie de Jules Vallès ? Quels changements ont transformé sa vie ?

3 À l'aide de sa biographie, citez son œuvre littéraire (nombre de livres, titre et thème).

4 Quel est le titre du livre d'où ce document est extrait ? Quel est le tome de la trilogie ?

5 Comment s'appelle le héros de ces trois livres ? Que remarquez-vous entre les initiales de son nom et celles du nom de Jules Vallès ? À votre avis, pourquoi l'auteur a-t-il fait cela ?

Exploration

1 Comment s'appelle ce document et où se trouve-t-il dans un livre ? Qui a signé le document proposé ? Que dit-il à la dernière phrase ? Qu'est-ce que cela signifie ?

....

2 Lisez le document. Relevez les mots associés au monde de l'enfance et de l'école.

....

3 Ce livre est dédié « à tous ceux qui… ». Relevez tous les verbes qui concernent « ceux qui… ». Que signifient ces verbes ? Regardez « Pour mieux comprendre ». Quel est leur point commun ?

....

4 Qui sont « ceux qui crèvent d'ennui » ? Selon vous, quel âge ont-ils ? Quel est le temps du verbe de cette phrase ?

....

5 Dans la suite de la dédicace, quel est le temps des verbes ? Regardez « Pour mieux comprendre ». Selon vous, quel âge ont les autres personnes à qui Vallès dédie ce livre ? De quelle période de leur vie parle-t-il ?

....

6 Où sont « ceux qui crèvent d'ennui » ? Qui a fait pleurer ? Qui a tyrannisé et rossé ? Quelles sont les deux institutions que l'auteur critique violemment ?

....

7 Le chapitre I de *L'Enfant* est intitulé « MA MÈRE ». Jules Vallès écrit : « *Je ne me rappelle pas une caresse du temps où j'étais petit… ». Imaginez l'enfance du héros Jacques Vingtras.

....

8 Choisissez une période de la vie (l'enfance, l'adolescence, l'âge adulte ou la vieillesse) et imaginez une dédicace.

....

Ubu roi

*Le Père Ubu était au service du roi de Pologne. Il l'a tué pour prendre le pouvoir.
Ici, il fait le procès des Nobles…*

Alfred Jarry

(Laval, 1873 – Paris, 1907)
Jarry grandit en Bretagne.
Élève brillant et provocateur,
il ridiculise l'un de ses
professeurs, Félix Hébert,
qu'il surnomme père Heb.
Il s'en inspire pour créer
le « Père Ubu », personnage
comique, prétentieux, peureux
et méchant.
À 23 ans, Jarry présente
sa pièce *Ubu roi* au Théâtre
de l'Œuvre : c'est le scandale !
Le spectacle est très mal
accueilli par le public, habitué
à un théâtre populaire ou
romantique. Suit tout le cycle
d'Ubu : *Ubu cocu*, *Ubu enchaîné*,
Almanachs du père Ubu, *Ubu
sur la butte*. Romancier, poète,
fondateur de la « pataphysique »
(science des solutions
imaginaires), Jarry s'amuse
à déformer les mots, refuse
les règles classiques
du réalisme et de la psychologie.
À travers l'exagération
des situations, il se moque
d'une société bien-pensante.
Il a inspiré les auteurs
du théâtre de l'absurde
comme Ionesco et Beckett.
Aujourd'hui, on parle
de personnage ou de situation
ubuesque.

PÈRE UBU. – (…) *(Au Noble.)* Qui es-tu, bouffre ?
LE NOBLE. – Comte de Vitepsk.
PÈRE UBU. – De combien sont tes revenus ?
LE NOBLE. – Trois millions de rixdales.
PÈRE UBU. – Condamné ! *(Il le prend avec un crochet et le passe dans le trou.)* 5
MÈRE UBU. – Quelle basse férocité !
PÈRE UBU. – Second Noble, qui es-tu ? *(Le Noble ne répond rien.)*
    Répondras-tu, bouffre ?
LE NOBLE. – Grand-duc de Posen.
PÈRE UBU. – Excellent ! Excellent ! Je n'en demande pas plus long. Dans 10
    la trappe. Troisième Noble, qui es-tu ? Tu as une sale tête.
LE NOBLE. – Duc de Courlande, des villes de Riga, de Revel et de Mitau.
PÈRE UBU. – Très bien ! très bien ! Tu n'as rien autre chose ?
LE NOBLE. – Rien.
PÈRE UBU. – Dans la trappe, alors. Quatrième Noble, qui es-tu ? 15
LE NOBLE. – Prince de Podolie.
PÈRE UBU. – Quels sont tes revenus ?
LE NOBLE. – Je suis ruiné !
PÈRE UBU. – Pour cette mauvaise parole, passe dans la trappe. Cinquième
    Noble, qui es-tu ? 20
LE NOBLE. – Margrave de Thorn, palatin de Polock.
PÈRE UBU. – Ça n'est pas lourd. Tu n'as rien autre chose ?
LE NOBLE. – Cela me suffisait.
PÈRE UBU. – Eh bien ! mieux vaut peu que rien. Dans la trappe.
    Qu'as-tu à pigner, Mère Ubu ? 25
MÈRE UBU. – Tu es trop féroce, Père Ubu.
PÈRE UBU. – Eh ! je m'enrichis. Je vais me faire lire MA liste de MES
    biens. Greffier, lisez MA liste de MES biens.

Alfred Jarry : *Ubu roi*, acte III, scène 2, 1896, Paris, Le livre de poche, 1985.

Pour mieux comprendre

Un Noble : qui est proche du roi et porte un titre (comte, duc…).
Bouffre : une insulte.
Un revenu : l'argent, les biens ; **rixdale** : ancienne monnaie d'Europe.
Un crochet : un objet en métal de forme arrondie pour attraper une personne.
La trappe : au théâtre, c'est un **trou** sous le plancher.
Une basse férocité : le fait de ressentir du plaisir à faire souffrir une personne.

Sale tête : une tête qui ne plaît pas.
Être ruiné : ne plus avoir d'argent.
Un margrave : titre de prince en Allemagne.
Un palatin : un gouverneur de province en Pologne.
Suffisait (v. *suffire*) : satisfaire.
Mieux vaut peu que rien : c'est mieux d'avoir peu de chose que rien du tout.
Pigner : montrer que l'on n'est pas content.
Je m'enrichis : je deviens plus riche.

Découverte

1 Regardez le texte sans le lire. Quel genre d'écrit est proposé ?

2 En bas, à droite : quel est le titre de la pièce ? Quelle partie de l'œuvre allez-vous lire ?

3 Quels sont les personnages en présence ?

4 Lisez le chapeau (en haut du texte, en italique) : où la scène se déroule-t-elle ? Présentez la situation.

Exploration

1 Lisez le texte. Quelle est la catégorie sociale des personnes interrogées par le Père Ubu ? Quelle est la question répétée cinq fois ? Sur quoi porte cette question ?

....

2 Combien de personnes interroge-t-il ? Présentez ces personnes et dites quelle est leur particularité (nom, titres, biens…).

....

3 Soulignez les questions du Père Ubu dans ses répliques 2-6-8-10. Sur quel objet portent ses questions ? Que veut-il savoir ? À votre avis, pourquoi ?

....

4 De quelle manière le Père Ubu condamne-t-il les Nobles (relisez la réplique 3 et la didascalie : ce qui est écrit en italique et entre parenthèses) ? Dans la suite du texte, retrouvez le mot qui précise le lieu où sont jetés les Nobles.

....

5 Combien de fois la Mère Ubu intervient-elle ? Comment réagit-elle face aux actions de son mari ? Que pensez-vous de ses réactions ?

....

6 Dernière réplique du Père Ubu : quelle explication donne-t-il à sa femme ? Soulignez le groupe de mots répétés : qu'expriment les mots écrits en majuscules ? Comment le Père Ubu s'enrichit-il ?

....

7 Finalement, comment le Père Ubu a-t-il réagi face aux cinq Nobles ? Soulignez les raisons pour lesquelles il les condamne. Que remarquez-vous ? Qu'est-ce qui vous semble drôle, logique, absurde ?

....

8 À vous d'imaginer le Père Ubu (ridicule, mal habillé, gros…) et de jouer cette scène.

....

Le XXᵉ siècle

Ce siècle a connu deux guerres mondiales, l'horreur des camps de concentration, la bombe atomique sur Hiroshima, la naissance et la chute de l'Union soviétique, les décolonisations, la guerre froide, d'importants changements politiques et une extraordinaire accélération des moyens de communication et des progrès de la science.

▬▬▬▬▬ AVANT 1945

■ La poésie

Apollinaire libère la poésie des contraintes formelles (*Alcools,* 1913, *Calligrammes*, 1918) tandis que Valéry essaie de créer une poésie pure (*La Jeune Parque,* 1917). Saint-John Perse construit une œuvre poétique très belle mais difficile (*Éloges,* 1911, *Anabase,* 1924), couronnée par le prix Nobel en 1960. Le talent de Cocteau s'exprime dans tous les genres : poésie, roman, cinéma, théâtre, peinture.

■ Le roman

Proust transforme l'art du roman : *À la recherche du temps perdu* (1913-1927) est organisé comme une cathédrale. L'œuvre dépasse l'autobiographie pour reconstruire « l'édifice immense du souvenir ». La création romanesque de Gide est très variée mais derrière chaque personnage, il y a l'auteur qui parle de lui avec sincérité (*L'Immoraliste*, 1902, *Si le grain ne meurt,* 1920). Malraux et Saint-Exupéry vont chercher dans leur expérience personnelle la matière de leur œuvre : pour le premier, l'homme lutte contre l'angoisse de la mort par l'action, l'expérience de la fraternité et l'affirmation de sa liberté (*La Condition humaine,* 1933) ; les personnages du second réfléchissent sur les limites de l'homme, sur le rôle de la volonté et de la responsabilité (*Vol de nuit*, 1931, *Le Petit Prince,* 1943). Enfin, Céline, dans une écriture proche de l'oralité (*Voyage au bout de la nuit,* 1932), développe une vision du monde très pessimiste.

■ Le théâtre

L'écrivain catholique Claudel est reconnu surtout pour ses drames lyriques (*L'Annonce faite à Marie,* 1912). Principal dramaturge de l'entre-deux-guerres, Giraudoux utilise les mythes anciens pour dire le tragique du présent : *La guerre de Troie n'aura pas lieu* (1935).

■ Le surréalisme

Il concerne tous les arts. Mouvement de révolte et d'engagement politique, il veut « changer la vie ». L'inconscient, l'écriture automatique permettent d'explorer l'inconnu. Breton (*Le Manifeste du Surréalisme,* 1924), Aragon, Éluard, Soupault, Artaud, essaient de transformer le monde.

À PARTIR DE 1945

L'existentialisme marque l'après-guerre. Dans un monde sans Dieu, l'homme « est condamné à être libre » et donne du sens à sa vie par ses actes et son engagement. Sartre définit cette nouvelle morale dans *L'existentialisme est un humanisme* (1946). Camus combat le sentiment de l'absurde par la révolte et le refus de tout ce qui empêche l'individu d'être libre (*La Peste*, 1947, *L'Homme révolté,* 1951*)*.

Le nouveau roman remet en question la tradition romanesque pour établir une relation différente entre le lecteur et le texte : *L'Ère du soupçon* (Sarraute, 1956). Pour Butor, Simon, Robbe-Grillet, Duras, ce sont les points de vue, la narration, la durée intérieure, la description qui sont importants, et non plus l'histoire racontée. Le personnage est souvent remplacé par des voix.

Le théâtre de l'absurde remet aussi en cause personnage et langage. Ionesco et Beckett jouent sur des situations qui semblent ne pas avoir de sens, dérangent le confort du spectateur.

En poésie, le succès rencontré par l'écriture tendre et révoltée de Prévert (*Paroles,* 1946) a parfois fait oublier l'originalité des œuvres de Michaux et de Ponge.

FEMMES ET LITTÉRATURE

Colette, Anna de Noailles ouvrent la voie au début du siècle. *Le Deuxième Sexe* (Beauvoir, 1949) est la référence des féministes des années 1970 : « On ne naît pas femme, on le devient ». Les femmes s'emparent alors de la littérature. Cixous (*Dedans,* 1969) et Kristeva (*Le Langage, cet inconnu,* 1981), s'interrogent sur le féminin et sur l'existence d'une écriture féminine. Mais les œuvres des écrivaines ne se limitent pas à leur condition de femme. Il y a peu de points communs entre Yourcenar et Duras, Wittig et Chédid, Sagan et Ernaux, Nothomb et Angot, sinon la nécessité d'écrire.

FRANCOPHONIE LITTÉRAIRE

Dans le monde, de nombreux écrivains utilisent le français en le transformant. Dans les années 1930, le mouvement de la négritude (Césaire, Senghor, Damas) revendique la fierté d'être Noir. Au Maghreb, les héritiers de Mouloud Feraoun, Kateb Yacine, Mohamed Dib, Driss Chraïbi interrogent la pluralité des identités, le mystère des origines, les violences de l'Histoire, les rigidités des sociétés, la place des femmes, dans une langue « française rendue bien étrangère » et pourtant si proche.

■ **Ces dernières années,** la production de romans à dominante autobiographique explose, même si des écrivains comme Le Clézio, Echenoz, Modiano, Orsenna, Maalouf, et Koltès ou Schmitt pour le théâtre, ne font pas partie de cette catégorisation. Entre témoignage et distance ironique, chant d'exil et travail de mémoire, créations stylistiques et jeux sur le sens, s'imposent les écritures d'une nouvelle génération : A. Begag, L. Sebbar, N. Bouraoui, revendiquent la multiplicité des appartenances.

À la Recherche
du temps perdu

Marcel Proust

(Auteuil, 1871 – Paris, 1922)
Il est né dans une famille très cultivée de la grande bourgeoisie.
Après de brillantes études en droit et en littérature, il fréquente les salons de l'aristocratie et observe les comportements de cette société fermée. Lecteur passionné de Balzac, Baudelaire, des moralistes du XVIIᵉ siècle, il rêve d'une synthèse de tous les arts : peinture, musique, architecture, littérature.
À partir 1909, il élabore un immense projet : faire revivre le temps passé, les souvenirs d'une époque, des sensations dans une seule œuvre : *À la recherche du temps perdu.* Pour Proust, écrire c'est se souvenir grâce à la « mémoire involontaire ». Toute sa vie est alors consacrée à l'écriture : il travaille la nuit, dort le jour, enfermé dans une chambre tapissée de liège.
Il reçoit le prix Goncourt pour *À l'ombre des jeunes filles en fleurs* en 1919. Malade depuis l'enfance, il meurt épuisé avant d'avoir complètement terminé la *Recherche,* référence majeure de la littérature française.

1ʳᵉ étape (1909-1912) — **Les Intermittences du cœur**

    1) Le Temps perdu   *2) Le Temps retrouvé*

2ᵉ étape (1912-1913) — **À la Recherche du temps perdu**

    1) Du Côté de chez Swann **1913**   *2) Le Côté de Guermantes*   *3) Le Temps retrouvé*

3ᵉ étape (1914-1922) — **À la Recherche du temps perdu**

1) *Du Côté de chez Swann* (1913)
1ʳᵉ partie : *Combray*
2ᵉ partie : *Un amour de Swann*
3ᵉ partie : *Noms de pays : le nom* (Gilberte)

2) *À l'ombre des jeunes filles en fleurs* (1918)
1ʳᵉ partie : *Autour de Mme Swann*
2ᵉ partie : *Noms de pays : le pays* (Balbec)

3) *Le Côté de Guermantes* (I, II) 1920-1921

4) *Sodome et Gomorrhe* (I, II) 1921-1922

5) *La Prisonnière*, 1923

6) *Albertine disparue* (ou *La Fugitive*), 1925

7) *Le Temps retrouvé*, 1927

Marcel Proust, *À la Recherche du temps perdu*, Paris, Gallimard, 1909-1927.

Pour mieux comprendre

Les personnages :
Swann, Charles : bourgeois, ami du narrateur ; il se marie avec Odette de Crécy (Mme Swann), femme légère. Leur fille, Gilberte, est le premier amour du narrateur.
Les Guermantes : riches aristocrates. Le duc Gilbert et la duchesse Marie-Oriane (deuxième amour du narrateur), ont un château.
Albertine : personnage important, du groupe des « jeunes filles en fleurs », belle, sportive, libre. Troisième amour du narrateur.

Les villes imaginaires :
Combray : ville de vacances du narrateur enfant. Il se promène dans la direction de Méséglise (du côté de chez Swann), dans la direction du château des « Guermantes ».
Balbec : un lieu au bord de la mer (en Normandie) qui fait rêver le narrateur ; là, il rencontre les « jeunes filles en fleurs » et Albertine.
Sodome et Gomorrhe : dans la Bible, deux cités symboles du vice, condamnées par Dieu.

« Une intermittence » : le cœur s'arrête puis recommence à battre.
« Une prisonnière » : une personne enfermée ; contraire de **fugitive.**

Découverte

1 Quel document vous est proposé ?

2 Combien y a-t-il d'étapes ? Quels sont les trois grands titres ? À quoi correspondent les dates entre parenthèses ? Quels sont les livres publiés après la mort de Proust ?

3 Quel est le mot le plus répété ?

4 Comment comprenez-vous le titre de départ ? Quel titre définitif pour l'ensemble de son œuvre Proust a-t-il choisi ? Que cherche l'auteur ?

5 Combien de romans Proust a-t-il écrit à chaque étape ? Quel titre retrouve-t-on à chaque étape ?

Exploration

1 À la première étape, soulignez les titres des deux premiers romans : que remarquez-vous ? Comment comprenez-vous ces titres ?

....

2 Lisez « Pour mieux comprendre » et retrouvez les noms des personnages dans les titres puis présentez-les. Pourquoi l'écrivain a-t-il choisi de mettre ces noms dans certains titres ?

....

3 À la troisième étape, comment est composé le premier roman ? Quel lien de parenté y a-t-il entre Swann et Gilberte ? Où habitent-ils ? Pourquoi le prénom Gilberte est-il associé aux « *Noms de pays* » ?

....

4 Dans le titre du troisième roman, quels sont les personnages et où habitent-ils ? Qu'est-ce qui oppose les deux « *côtés* » (les deux familles) ?

....

5 Dans le deuxième roman, dans quel lieu se trouvent les *Jeunes filles en fleurs* ? Quelle personne rencontre le narrateur ? Que ressent-il pour elle ?

....

6 Que fait cette personne dans le sixième roman ? Pourquoi fait-elle cela (lisez le titre du cinquième roman) ? Qu'est-ce qu'elle n'a pas accepté chez le narrateur ?

....

7 Lisez la biographie. Quel était le projet de Proust ? Pour lui, à quoi sert l'écriture ? Revenez à la question 1 de « Exploration ». Quelle réponse apporte le septième roman ?

Prose du Transsibérien et de la petite Jehanne de France

Dédiée aux musiciens.

En ce temps-là j'étais en mon adolescence
J'avais à peine seize ans et je ne me souvenais déjà plus de mon enfance
J'étais à 16 000 lieues du lieu de ma naissance
J'étais à Moscou, dans la ville des mille et trois clochers et des sept gares
Et je n'avais pas assez des sept gares et des mille et trois tours   5
Car mon adolescence était si ardente et si folle
Que mon cœur, tour à tour, brûlait comme le temple d'Ephèse ou comme la Place Rouge de Moscou.
Quand le soleil se couche.
Et mes yeux éclairaient des voies anciennes.   10
Et j'étais déjà si mauvais poète
Que je ne savais pas aller jusqu'au bout.
(…)

Prose du Transsibérien et de la petite Jehanne de France (1913), in *Du monde entier*, in *Poésies complètes*, Paris, Denoël (1947).

Blaise Cendrars

(La Chaux-de-Fonds, Suisse, 1887 – Paris, 1961)
C'est l'écrivain voyageur. Adolescent, il part en Allemagne puis en Russie et en Mandchourie. De 1903 à 1907, il parcourt l'Inde et la Chine, revient en France, part pour Bruxelles et Londres, retourne en Russie (1909), s'embarque pour l'Amérique du Nord et le Canada. En 1911, il s'arrête à Paris, devient ami de Chagall, Max Jacob, Léger, Modigliani, Soutine.

Il est grièvement blessé pendant la Première Guerre mondiale : il perd un bras. Entre 1926 et 1929, il découvre l'Argentine, le Paraguay, le Brésil.

Il fait de nombreux métiers et il fréquente les milieux anarchistes, la bohème, les mauvais garçons.

Son œuvre est considérable : *Du monde entier*, *Feuilles de route* (1924) ; *L'Or* (1925), *Moravagine* (1926) ; *Rhum* (1930) ; *Bourlinguer* (1948). En marge du surréalisme, il a renouvelé les techniques poétiques et créé un style cinématographique.

Pour mieux comprendre

La prose : le contraire de la poésie.
Le Transsibérien : en Russie, c'est un train qui relie Tcheliabinsk (Oural) à Vladivostok (Sibérie).
Jehanne de France : Jeanne d'Arc, grande figure de l'Histoire de France : c'est une jeune paysanne qui, au XVᵉ siècle, prend la tête d'une armée pour chasser les Anglais hors de France. Dans le texte, c'est une fille de « mauvaise vie », du quartier de Montmartre, à Paris, dont le cœur est pur.
Dédié(e) : *participe passé du v. dédier.* Adressé à, offert à. *On dit « faire une dédicace ».*
Une lieue : une mesure ancienne d'à peu près 4 kilomètres. (Homonyme : **un lieu** : un endroit).

Un clocher : la partie la plus haute d'une église.
Une tour : la partie la plus haute d'un bâtiment, parfois ronde ou carrée.
Ardent(e) : qui est en feu, qui brûle.
Tour à tour : l'un après l'autre ; une fois quelque chose, une autre fois autre chose.
Éphèse : ville de Turquie, très puissante dans l'Antiquité. Son **temple** (édifice religieux), l'une des Sept Merveilles du monde, dédié à Artémis, a été incendié (brûlé) en 356 avant Jésus-Christ.

Découverte

1 En vous aidant de « Pour mieux comprendre », dites de quoi et de qui parle le titre. Inventez une petite histoire à partir du lieu et de la personne.

2 À qui est dédié le texte ? Pourquoi, à votre avis ?

3 Observez la composition du texte. Vos observations confirment-elles le premier mot du titre ? Expliquez votre réponse.

4 Repérez le pronom personnel et dites qui parle.

Exploration

1 Lisez le texte. Quel âge a le poète ?

....

2 Relevez les noms de lieux qui portent une majuscule. Qu'évoquent-ils pour vous ? Dans quelles parties du monde et à quelles époques le poète emmène-t-il le lecteur ?

....

3 Soulignez les trois premières expressions qui commencent par « j'étais » et leur suite immédiate : de quoi parle le poète ? La première expression est une création poétique : écrivez cette phrase en français standard. À quoi l'adolescence est-elle associée ?

....

4 Repérez tous les chiffres : à votre avis, pourquoi y en a-t-il autant ? À quelles idées renvoient-ils (le voyage, l'exagération propre à l'adolescence, les richesses du monde...) ?

....

5 Lignes 7, 8, 9 : soulignez le mot de couleur. Retrouvez les deux expressions qui expriment aussi cette couleur et une sensation de chaud. Que symbolise cette couleur et cette sensation (la paix, la passion, la tendresse, la violence...) ?

....

6 À la ligne 6, quel adjectif résume ce qui est développé aux lignes 7, 8, 9 ? Quel autre adjectif le complète ? Reprenez la réponse donnée à la question 3 et lisez la biographie de Cendrars : quelle a été son adolescence ?

....

7 Relevez les répétitions : certaines insistent sur les mots et leurs sens, d'autres sont des jeux avec les mots et leurs sonorités. Retrouvez quelques exemples. Quel rythme le poète a-t-il voulu imiter (relisez le titre) ?

....

8 Ligne 11-12 : que pensez-vous de l'opinion du poète sur lui-même ? Avez-vous aimé son poème ?

....

Poème du 9 février 1915

Guillaume Apollinaire

(Rome, 1880 – Paris, 1918)
Il occupe une grande place dans la poésie moderne.

Sa mère est balte ; son père, un officier italien, ne le reconnaîtra jamais. Cette souffrance se retrouve dans sa poésie. Il voyage en Belgique, en Allemagne et en Europe centrale, où il écrira ses premiers poèmes : *Rhénanes*. Il est mobilisé pendant la guerre de 1914-1918 et rentre blessé à la tête. Ses amours malheureuses lui inspirent ses plus grands poèmes : *La Chanson du Mal Aimé* (1904), composée après sa rencontre en Allemagne avec Annie Playden, *Poèmes à Lou*, dédiés à Louise de Coligny-Châtillon, une amante passionnée, qui le quitte aussi. *Alcools* paraît en 1913, *Le Poète assassiné* en 1916 et *Calligrammes* en 1918. Il est à la fois critique d'art, critique littéraire et dramaturge. Ami de Picasso, il soutient le mouvement cubiste en peinture. Il est pour la liberté des formes ; sa conférence sur *L'Esprit nouveau et les poètes* (1918) sert de référence à sa génération.

Guillaume Apollinaire, *Poèmes à Lou*, Paris, Gallimard, 1965.

Pour mieux comprendre

Un calligramme : un poème qui a la forme de l'objet qu'il représente.

Reconnais-toi (v. *se reconnaître*) : retrouver son image, savoir qui on est, s'identifier.

Adorable : charmant(e), **exquis (e).** Que l'on aime.

Un canotier : un chapeau en paille, rond sur les bords.

L'ovale : la forme, le tour d'un visage.

Imparfait(e) : qui n'est pas parfait, pas fini, peu précis.

Un buste : la partie du corps humain qui comprend la tête, les épaules et la poitrine.

Vu : voir, regarder.

Bat (v. *battre*) : le rythme que fait le cœur (les pulsations).

Un nuage : à travers un nuage, il est difficile de voir le ciel.

Découverte

1 Quel est le titre du livre d'où ce texte est extrait ? À qui sont dédiés ces poèmes ?
Lisez la biographie et dites qui est cette personne.

2 À quelle date ce poème est-il composé ? Que se passe-t-il à cette époque en France ?

3 Qu'est-ce que vous observez sur la page ? En vous aidant de « Pour mieux comprendre »,
donnez le nom de ce poème et sa particularité. Qu'est-ce qu'il représente ?

4 Dessinez sur une feuille le poème en suivant les lettres.

Exploration

1 Lisez le poème. Par quel mot avez-vous commencé ? Dans quel sens avez-vous continué ?

....

2 Quelles parties du corps de la femme sont représentées ? Avez-vous trouvé « ton buste » « cou »
et « ton cœur » ? Soulignez tous les noms du corps écrits /dessinés. Que remarquez-vous ?

....

3 Dans la partie du chapeau, « Reconnais-toi... »/« Cette adorable personne c'est toi »/« sous
le grand chapeau canotier » : que demande le poète à Lou ? (regardez « Pour mieux
comprendre »). Quel adjectif qualifie la femme ? À votre avis, quels sont les sentiments
du poète pour Lou ?

....

4 Soulignez les mots qui caractérisent « cou » et « cœur ». Que veulent-ils dire ? Qu'est-ce qui est
important pour le poète chez cette femme ?

....

5 Dans cette partie, quels sont les deux mots d'une syllabe qui se prononcent de la même manière ?

....

6 Sur la partie gauche, soulignez « imparfaite image » : que veut dire Apollinaire à propos
de son dessin/poème ? Devinez quels sont les deux derniers mots (aidez-vous de « Pour mieux
comprendre »). Quel rapport faites-vous entre « imparfaite image » et ces derniers mots ?

....

7 Dessinez le visage d'une personne de votre choix (famille, ami(e), célébrité...) et réalisez
un calligramme.

Voyage au bout
de la nuit

Louis-Ferdinand Céline

(Courbevoie, 1894 –
Meudon, 1961)

Né dans la petite bourgeoisie,
Louis-Ferdinand Destouches
(dit Céline) part à la guerre
à 18 ans. Les horreurs qu'il voit
sont un choc. Il devient pacifiste.
En 1915, il part en Afrique puis
rentre en France et fait
une thèse en médecine (1924).
Parallèlement à sa profession,
il écrit et va aux U.S.A. Son
premier roman, *Voyage au
bout de la nuit* (prix Renaudot,
1932), s'inspire de la guerre
de 1914-1918, du colonialisme
en Afrique et du capitalisme
américain. Son style joue avec
la langue parlée et la syntaxe.
Sa vision de l'homme est à la
fois tragique et drôle. Suit
Mort à crédit (1936), son autre
grand roman. Entre 1937
et 1941, il écrit des textes
polémiques et racistes.
Ses déclarations pendant
la Seconde Guerre mondiale
montrent ses sympathies
pour la pensée nazie. Il sera
emprisonné puis condamné
à la dégradation nationale
(1950). Céline reste un écrivain
majeur malgré ses engagements
politiques insensés.

— Oh ! Vous êtes donc tout à fait lâche, Ferdinand ! Vous êtes répugnant comme un rat…

— Oui, tout à fait lâche, Lola, je refuse la guerre et tout ce qu'il y a dedans… Je ne la déplore pas moi… Je ne me résigne pas moi… Je ne pleurniche pas dessus moi… Je la refuse tout net, avec tous les 5 hommes qu'elle contient, je ne veux rien avoir à faire avec eux, avec elle. Seraient-ils neuf cent quatre-vingt-quinze millions et moi tout seul, c'est eux qui ont tort, Lola, et c'est moi qui ai raison, parce que je suis le seul à savoir ce que je veux : je ne veux plus mourir.

— Mais c'est impossible de refuser la guerre, Ferdinand ! Il n'y a 10 que les fous et les lâches qui refusent la guerre quand leur Patrie est en danger…

— Alors vivent les fous et les lâches ! (…)

Louis-Ferdinand Céline, *Voyage au bout de la nuit*, Paris, Denoël, 1932,
© Éditions Gallimard.

Pour mieux comprendre

Au bout de : à la fin de, au fond de…
Lâche : qui a peur, qui n'est pas courageux.
Répugnant : qui dégoûte, détestable.
Un rat : un animal agressif et sale, plus
   gros qu'une souris.
Déplorer : regretter beaucoup, pleurer
   sur quelque chose.

Se résigner : accepter totalement.
Pleurnicher : pleurer d'une manière
   hypocrite, qui n'est pas sincère.
Tout net : totalement.
Avoir tort : se tromper, qui n'a pas raison.
La Patrie : la nation, le pays.

Découverte

1 Quel est le titre du roman d'où le passage est extrait ? Comment le comprenez-vous ? Imaginez le thème de l'histoire.

2 Lisez la biographie de Louis-Ferdinand Céline. Quel homme était-il ?

3 Regardez la présentation de ce passage. Quel type de texte allez-vous lire ?

4 Lisez la première réplique. Comment s'appelle le héros (personnage principal) de ce livre ? Quel est le point commun avec l'auteur ? À votre avis, pourquoi Céline a-t-il appelé son héros ainsi ?

5 Quelle est la critique faite au héros ? À quoi est-il comparé ? Trouvez-vous cette comparaison choquante ? horrible ? forte ? laide ? dégoûtante ?

Exploration

1 Lisez le texte. Comment s'appelle la femme qui parle au héros ? Que refuse-t-il ?
« Et tout ce qu'il y dedans… » : selon vous, qu'est-ce « qu'il y a dedans » ?

....

2 Soulignez la phrase où le verbe « refuser » est repris. De quelle manière refuse-t-il ?
Qui sont « tous les hommes qu'elle contient » ?

....

3 Soulignez le nombre de ces hommes. À quel mot s'oppose ce très grand nombre ?
Comment est le héros face à ce grand nombre ?

....

4 Soulignez les phrases avec les verbes « déplorer, résigner, pleurnicher ». À quelle forme sont-elles ? Quel est le sens de ces verbes ?

....

5 Par quels mots se terminent ces trois phrases ? En s'exprimant de cette manière,
Céline est-il proche de l'écrit ou de l'oral ? Justifiez votre réponse.

....

6 « C'est moi qui ai raison… » : pourquoi a-t-il raison ? Qu'est-ce qu'il ne veut plus ?
Comment comprenez-vous le sens de « ne… plus » ?

....

7 Quelle est la réaction de la femme face au refus du héros ? Que doit-on faire quand « la Patrie est en danger » ? Pourquoi l'auteur a-t-il mis une majuscule à « Patrie » ?

....

8 Quelle est la conclusion du héros ? Vous choque-t-elle ? Céline a vu les horreurs de la Première Guerre mondiale : que pensez-vous de sa position ?

La Machine
infernale

Jean Cocteau

(Maison-Laffitte, 1889 –
Milly-la-Forêt, 1963)

Romancier, homme de théâtre,
réalisateur, décorateur, peintre
et dessinateur, Cocteau
se considère avant tout comme
un poète. Il est né dans une
famille bourgeoise. Très jeune,
il perd son père et sa mère
l'élève seule. La mort restera
l'une des préoccupations
de sa vie. Son talent est vite
reconnu : à 19 ans, il est fêté
par le tout-Paris. Il rencontre
Proust, Picasso, Stravinski. Son
œuvre s'inspire de personnages
antiques et mythologiques :
L'Ange Heurtebise, 1925,
(poésie), *Orphée*, 1927,
Œdipe-roi, 1928, *La Machine
infernale*, 1934, (tragédies
modernes), *Thomas l'imposteur*,
1923, *Les Enfants terribles*,
1929, (romans). Quant à
ses films : *Le Sang d'un poète*
(1930), *L'Éternel retour* (1943),
La Belle et la Bête (1945)
et *Orphée* (1951), Cocteau
les qualifie de poèmes
cinématographiques. En 1955,
il est élu à la fois à l'Académie
royale de Belgique à la mort de
Colette et à l'Académie
française. Sa poésie, entre rêve,
fantaisie et mystère, traduit
son expérience personnelle
du tragique.

PERSONNAGES

Œdipe .... Jean-Pierre Aumont.
Anubis .... Robert le Vignan.
Tirésias .... Pierre Renoir.
Créon .... André Moreau.
Le Fantôme de Laïus .... Julien Barrot.
Le Jeune soldat .... Yves Forget.
Le Soldat .... Robert Moor.
Le Chef .... Romain Bouquet.
Le Messager de Corinthe .... Marcel Khill.
Le Berger de Laïus .... Louis Jouvet.
Un Petit garçon du peuple .... Michel Monda.
La Voix .... Jean Cocteau.
Jocaste .... Marthe Régnier.
Le Sphinx .... Lucienne Bogaert.
La Matrone .... Jeanne Lory.
Antigone .... Andrée Servilanges.
Une Petite fille du peuple .... Vera Phares.

LA MACHINE INFERNALE a été représentée pour la première fois au théâtre Louis-Jouvet (Comédie des Champs-Élysées) le 10 avril 1934, avec les décors et les costumes de Christian Bérard.

Jean Cocteau, *La Machine infernale*, Paris, Grasset, 1934.

Pour mieux comprendre

Œdipe : le fils de Jocaste et de Laïos (**Laïus**), roi de Thèbes, mort. Antigone est sa fille.

Anubis : le dieu de la mort dans l'Égypte ancienne (il a un corps d'homme et une tête de chacal ou de chien).

Tirésias : un devin ; il dit l'avenir.

Créon : le frère de la reine Jocaste.

Un fantôme : un mort qui revient parmi les vivants.

Un messager : la personne qui apporte une nouvelle. Il vient de Corinthe, en Grèce.

Un berger : un homme qui garde des moutons.

Louis Jouvet : (1887-1951) : grand comédien, metteur en scène et directeur de théâtre.

Christian Bérard : (1902-1949) : décorateur de théâtre et de cinéma très connu. Il a travaillé avec Louis Jouvet et créé les décors de *La Belle et la Bête* de Cocteau.

Le Sphinx : un monstre de l'Antiquité, moitié lion, moitié femme, qui pose des questions et donne la mort aux hommes qui ne savent y pas répondre.

La Matrone : une grosse femme vulgaire ; femme du peuple ; mère de famille assez âgée.

Infernal(e) : adjectif construit sur « enfer », le contraire du paradis. Dans certaines religions, les personnes mauvaises vont en enfer après leur mort. Qui inspire le mal, diabolique.

La machine infernale : quelque chose que l'on ne peut pas arrêter.

Découverte

1 Quel document vous est proposé ? Dans quel genre littéraire trouve-t-on ce type de document ?

2 Quel est le titre de l'œuvre d'où ce document est extrait ? À quoi vous fait-il penser ?

3 Qui a écrit cette œuvre ? Lisez sa biographie : de quels personnages s'inspire-t-il ?

4 Lisez ce qui est écrit en bas du texte : où et quand la représentation a-t-elle eu lieu ? Qui a créé les costumes et les décors ? (Lisez « Pour mieux comprendre »).

5 Lisez le document proposé. Que représentent les noms sur les deux colonnes ? Combien y a-t-il de personnages ? Le Messager vous dit où se passe cette histoire : retrouvez le pays.

Exploration

1 Dans la liste de droite, quel poète reconnaissez-vous ? Quel rôle joue-t-il ? Est-ce vraiment un personnage ? Selon vous, que fait-il ?

....

2 Au théâtre, le premier nom cité dans la liste des personnages est le personnage principal. Repérez-le et reconstituez sa famille. À quelle classe sociale appartient-il ? Quel malheur a frappé cette famille ?

....

3 Quelle autre classe sociale et quel métier sont représentés ? Faites la liste des personnages pour chaque catégorie.

....

4 En vous appuyant sur les réponses aux questions 2 et 3, dites qui a le pouvoir, qui fait respecter le pouvoir et qui respecte les lois. Sommes-nous dans une société étrange ou banale ?

....

5 Trois personnages n'appartiennent pas au monde réel. Aidez-vous de « Pour mieux comprendre » et donnez leurs caractéristiques. Ils ont tous un point commun. Lequel ?

....

6 Quel est le métier de Tirésias ? Est-ce le même métier que le messager ? À votre avis, qu'apportent-ils, l'un et l'autre, aux gens auxquels ils s'adressent ?

....

7 Reprenez toutes vos réponses : quelles sont celles qui peuvent faire comprendre le titre ?

....

8 Reportez-vous au texte de Jean Anouilh : quels personnages reconnaissez-vous ? Quel est le personnage principal ? Quel est le titre de la pièce ? À votre avis, pourquoi Cocteau n'a-t-il pas appelé sa pièce « Œdipe » ?

Cent phrases
pour éventails

Paul Claudel

(Villeneuve-sur-Fère, 1868 – Paris, 1955)

Il passe son enfance dans une famille de la bourgeoisie provinciale. En 1882, il part pour terminer ses études à Paris où vit sa sœur Camille, sculptrice et élève d'Auguste Rodin. À 18 ans, le jour de Noël, il a l'illumination de Dieu dans la cathédrale Notre-Dame de Paris. C'est le début de sa foi catholique. À 20 ans, il écrit son premier drame : *Tête d'Or*. Il commence sa carrière de vice-consul aux États-Unis et crée *L'Échange* (1894). De 1895 à 1909, diplomate en Extrême-Orient, il fait un reportage poétique sur la Chine : *Connaissance de l'Est*. De 1921 à 1926, il sera ambassadeur à Tokyo où il compose *Cent phrases pour éventails*. Il est surtout connu pour son théâtre qui met en scène des personnages déchirés entre la religion et l'amour humain : *L'Annonce faite à Marie* (1912), *Le Soulier de satin* (1929).

畝		*Je salue Monsieur Mon Enfant*
椿蕚	*Le camélia rouge*	*comme une idée éclatante et froide*
焔雪	*Un rayon de soleil*	*dans un tourbillon de neige*
朱和	*Le camélia panaché*	*une face rougeaude de paysanne que l'on voit à travers la neige*
月兎	*Dans la lune morte*	*Il y a un lapin vivant !*

Paul Claudel, *Cent phrases pour éventails*, 1re édition japonaise calligraphiée, 1927, 2e édition française imprimée, Paris, Gallimard, 1942.

Pour mieux comprendre

Un éventail : un objet de forme triangulaire et arrondie, utilisé pour donner de l'air frais (Asie, Espagne).

Un camélia : une fleur blanche ou rose.

Éclatant(e) : qui brille, étincelle.

Un rayon : un trait de lumière.

Un tourbillon : un mouvement tournant et rapide.

Panaché(e) : de couleurs variées, ici rose et blanc.

Un lapin : un petit mammifère rongeur à grandes oreilles.

Calligraphié(e) : la calligraphie est l'art de bien former les caractères ou les lettres.

Haïku ou Haïkai : poème classique japonais, de trois vers.

Phrase 1 : les deux idéogrammes signifient « saluer, respecter » et « enfant, homme illustre ».

Phrase 2 : « camélia » et « tomber ».

Phrase 3 : « flamme, feu » et « neige ».

Phrase 4 : « rouge corail » et « neige ».

Phrase 5 : « lune » et « lapin ».

Découverte

1 Regardez la présentation de ce document. Comment et de quoi est-il composé (disposition, « dessins », mots…) ? À quel(s) pays pensez-vous ?

2 Lisez les références du texte et vérifiez le(s) pays. Quelles sont les deux différences entre les 1re et 2e édition ?

3 Le titre du livre est *Cent phrases pour éventails*. Cherchez le sens du mot éventail (Aidez-vous de « Pour mieux comprendre »). Décrivez cet objet (forme, mouvement, matière…). À quoi vous fait-il penser (sensations, idées…) ?

4 Le livre *Cent phrases pour éventails* mélange deux langues très différentes. Que pensez-vous de cette rencontre entre deux cultures ?

5 Lisez la biographie de Paul Claudel. Dans quels pays a-t-il habité et pourquoi ? Sur quelles cultures a-t-il écrit ?

Exploration

1 Lisez ces courts poèmes (haïku) sans vous arrêter aux mots que vous ne comprenez pas. Dans quel sens avez-vous lu (de haut en bas, de gauche à droite…) ? Que remarquez-vous sur la disposition des phrases, la place des mots et la ponctuation ?

....

2 Recherchez dans les phrases 2, 3, 4, tous les mots répétés, les mots de la même famille ou qui appartiennent à la même idée. Quelles images, quelles couleurs, quelles scènes voyez-vous ? À quel art différent de la littérature vous fait penser le travail poétique de Paul Claudel ?

....

3 Première phrase : soulignez les deux mots qui s'opposent et les deux mots qui marquent le respect. Sur quoi insistent les majuscules ? Comment interprétez-vous cette phrase ? À votre avis, est-elle proche de la culture française ou japonaise ?

....

4 Troisième phrase : relevez les quatre noms. Quels noms sont complémentaires et quels noms sont opposés ? À quelles couleurs vous font-ils penser ? Pensez à des couleurs opposées et écrivez : « Un… de… dans un…. de……… ».

....

5 Sixième phrase : à quel autre mot s'oppose « morte » ? Qu'y a-t-il à l'intérieur de la lune ? Comment le poète manifeste-t-il sa surprise ? Cette image vous surprend-elle ? Et vous, que voyez-vous dans la lune ? Trouvez deux adjectifs opposés et faites un haïku sur le modèle : « Dans la/le/les……… ……. Il y a un/une/des…….….. …………….. ».

....

6 À la manière de Paul Claudel, créez des haïkus.

Antigone

Polynice et Étéocle se sont entretués. Leur oncle Créon, roi de Thèbes, a interdit d'enterrer Polynice, mais Antigone a essayé de recouvrir son corps de terre. Des gardes l'ont vue et l'amènent à Créon.

Jean Anouilh

(Bordeaux, 1910 – Lausanne, Suisse, 1987) Par l'importance de son œuvre, à la fois classique et novatrice, c'est l'un des grands maîtres du théâtre contemporain.

Son père est tailleur, sa mère professeur de piano. En 1928, il découvre le théâtre de Giraudoux et de Cocteau. Il est touché par la poésie de l'écriture et dans ses propres pièces, refusera le réalisme. Il travaille dans une maison de publicité où collabore Jacques Prévert puis devient secrétaire du grand acteur Louis Jouvet. Il ne quittera plus le milieu du théâtre.

Jean Anouilh classait ses œuvres en pièces noires : *Le Voyageur sans bagage* (1937), *Antigone* (1944) ; pièces roses : *Le Bal des voleurs* (1938) ; pièces brillantes : *L'Invitation au château* (1947) ; pièces grinçantes : *Pauvre Bitos* (1956) ; pièces costumées : *L'Alouette* (1953) ; pièces secrètes : *L'Arrestation* (1975) ; pièces farceuses : *Le Nombril* (1981). Il a mis en scène ses pièces mais aussi celles de Molière, Shakespeare et Kleist. Il a contribué à faire connaître Beckett et Ionesco.

Créon
Pourquoi as-tu tenté d'enterrer ton frère ?

Antigone
Je le devais.

Créon
Je l'avais interdit.

Antigone, *doucement.*
Je le devais tout de même. Ceux qu'on n'enterre pas errent éternellement sans jamais trouver de repos. Si mon frère vivant était rentré harassé d'une longue chasse, je lui aurais enlevé ses chaussures, je lui aurais fait à manger, je lui aurais préparé son lit…Polynice aujourd'hui a achevé sa chasse. Il rentre à la maison où mon père et ma mère, et Étéocle aussi, l'attendent. Il a droit au repos.

Créon
C'était un révolté et un traître, tu le savais.

Antigone
C'était mon frère.

Jean Anouilh, *Antigone*, Paris, La Table Ronde, 1946.
Pièce jouée pour la première fois au théâtre de l'Atelier le 4 février 1944.

Pour mieux comprendre

Un garde : une personne qui garde, qui surveille.

Tenté (participe passé du v. *tenter*) : essayer.

Enterrer : mettre un mort dans la terre, ensevelir.

Errent (v. *errer*) : aller au hasard, sans but. Ne pas savoir où aller.

Éternellement : pour toujours.

Harassé : très fatigué.

La chasse : chercher, poursuivre des animaux pour les tuer.

Un révolté : une personne qui n'obéit pas, qui refuse, un rebelle.

Un traître : une personne qui trahit, qui ment et qui trompe.

Découverte

1 Regardez le texte : quel type d'écrit est proposé ?

2 Quel est le titre de l'œuvre d'où ce passage est extrait ? Connaissez-vous ce personnage ?

3 Repérez à quelle date cette pièce a été jouée. Que se passait-il en Europe à cette époque ?

4 Notez le nom des deux personnages en présence. À votre avis, quel est le personnage principal ? Observez la longueur des répliques (réponses) : que constatez-vous ?

Exploration

1 Lisez le chapeau (ce qui est au-dessus du texte, en italique) : qui est Créon ? Qu'est-ce qu'il a interdit ? Qu'a fait Antigone ?

2 Lisez l'extrait. La question de Créon : pense-t-il qu'Antigone ne connaissait pas l'interdiction ou cherche-t-il à comprendre les raisons qui ont poussé la jeune fille à faire cet acte ?

3 Quelle est la réponse d'Antigone ? Cette réponse est reprise une autre fois. Retrouvez-la. Que signifie cette répétition ? Quel sens donnez-vous au verbe employé ?

4 La dernière réplique d'Antigone : quelle raison donne-t-elle à son geste ?

5 Repérez la didascalie (le mot écrit en italique) concernant Antigone : quelles indications donne-t-elle sur l'attitude la jeune fille ?

6 Relisez cette longue réplique : comment Antigone se serait-elle comportée si son frère était encore « vivant » ? (les trois verbes sont au conditionnel passé qui exprime des faits imaginés). Qu'expriment ses gestes ?

7 Le deuxième mot « chasse » a-t-il exactement le même sens que le premier ? Le père et la mère d'Antigone (Œdipe et Jocaste), ainsi qu'Étéocle sont morts. Que signifient, dans cette situation, « Il rentre à la maison » et « l'attendent » ?

8 Sur quelle affirmation Antigone termine-t-elle sa réplique ? À quelle phrase déjà prononcée renvoie cette affirmation ? Essayez de voir comment les paroles de la jeune fille sont toujours à la limite de la vie et de la mort.

9 Les deux dernières répliques de Créon : est-ce l'homme, l'oncle, qui parle ou l'homme d'État, le roi ? À votre avis, qui de Créon ou d'Antigone, a raison ? Comment imaginez-vous la suite ?

Le Malentendu

Albert Camus

(Alger, 1913 – Sens, 1960)
Albert Camus est, avec Sartre, l'une des figures les plus importantes de la philosophie française du XXᵉ siècle, mais il reste éloigné de l'existentialisme.

Orphelin de père très jeune, il est élevé en Algérie par sa mère, femme de ménage d'origine espagnole ; elle ne sait ni lire ni écrire. Excellent élève, il fait des études de philosophie. Résistant pendant la Seconde Guerre mondiale, il devient rédacteur en chef du journal *Combat*. *L'étranger* (roman) et *Le mythe de Sisyphe* (essai) paraissent en 1942, *Caligula* et *Le Malentendu* (théâtre) en 1944. Dans ces œuvres, il développe une conception philosophique de l'absurde et ses conséquences : la révolte, la liberté, la passion. Son humanisme se retrouve dans *La Peste* (1947), *L'Homme révolté* (1951), *La Chute* (1956). La guerre d'indépendance algérienne (1958-1962) est pour lui une profonde souffrance. En 1957, il reçoit le prix Nobel de littérature et dédie son discours de réception à son instituteur de l'école primaire, qui lui a permis de poursuivre ses études.

SCÈNE PREMIÈRE

Midi. La salle commune de l'auberge. Elle est propre. Tout y est net.

LA MÈRE

Il reviendra.

MARTHA

Il te l'a dit ?

LA MÈRE

Oui. Quand tu es sortie.

MARTHA

Il reviendra seul ?

LA MÈRE

Je ne sais pas.

MARTHA

Est-il riche ?

LA MÈRE

Il ne s'est pas inquiété du prix.

MARTHA

S'il est riche, tant mieux. Mais il faut aussi qu'il soit seul.

LA MÈRE, *avec lassitude.*

Seul et riche, oui. Et alors nous devrons recommencer.
(…)

5

Albert Camus, *Le Malentendu*, Acte 1, Scène 1, Paris, Gallimard, 1958, pièce jouée pour la première fois à Paris en 1944, au Théâtre des Mathurins.

Pour mieux comprendre

Un malentendu : une erreur ; deux personnes pensent se comprendre mais donnent un sens différent à une même chose, un même fait.
La salle commune : la pièce où tout le monde se retrouve.
Une auberge : un hôtel simple, à la campagne, où l'on peut manger et dormir.

Net(te) : qui est très propre et bien rangé.
S'inquiéter : demander quelque chose avec anxiété, en ayant un peu peur.
La lassitude : la fatigue physique ou morale.

Découverte

1 Regardez le texte sans le lire. Quel genre d'écrit est proposé ?

2 En bas du texte, à droite : relevez la date à laquelle cette œuvre est jouée pour la première fois. Que se passe-t-il en Europe à cette époque ?

3 Repérez le titre de l'œuvre d'où ce passage est extrait. Quelles hypothèses pouvez-vous faire sur le thème ? (Aidez-vous de « Pour mieux comprendre »).

4 Quelle partie de l'œuvre vous est proposée ?

5 Quels sont les personnages en présence ?

Exploration

1 Lisez la première didascalie (ce qui est en italique, en lettres penchées) : à quel moment de la journée sommes-nous ? De quel lieu parle-t-on ? Comment est-il décrit ? Imaginez ce lieu, ce que font les personnages, leur place…

....

2 Lisez tout le texte. De qui parlent la mère et sa fille Martha ? Qui a déjà rencontré ce troisième personnage ? Est-il présenté ? Qui peut-il être ?

....

3 Relevez les répliques 2 et 3 de Martha : que demande-t-elle ? Dans le contexte de l'auberge, ces questions vous paraissent-elles normales ? Justifiez votre réponse.

....

4 La mère répond-elle vraiment à la dernière question de Martha ? Quelle indication est donnée sur « il » ?

....

5 La dernière réplique de Martha : quelles expressions montrent l'insistance ? À quels groupes de mots se rapportent ces expressions ?

....

6 Quels adjectifs répète la mère ? Comment comprenez-vous la dernière phrase ? Qu'est-ce qui peut expliquer « *avec lassitude* » ?

....

7 Relisez tout le passage et dites comment l'auteur éveille la curiosité du lecteur (ou du spectateur), comment il crée le suspens.

....

8 Imaginez comment sont les personnages et faites une fiche de présentation (âge, vêtements, caractéristiques physiques…) puis mettez en scène et jouez ce passage.

Familiale

Jacques Prévert

(Neuilly-sur-Seine 1900 –
Omon-la-Petite, 1977)

Il est, avec La Fontaine,
l'un des poètes les plus connus
des Français. Tous les écoliers
de France apprennent
Le cancre, poème extrait de
son recueil le plus célèbre,
Paroles (1946). La même année
paraît un deuxième recueil de
poésie, *Histoires*, qui rencontre
un grand succès.

Sa poésie est influencée
par les surréalistes qu'il a
fréquentés dans sa jeunesse.
Proche du Parti communiste,
il dénonce l'oppression sociale,
la guerre, la pollution,
et chante l'enfance, la liberté,
la justice, l'amour de la femme
et de l'être humain. Il est aussi
scénariste des plus grands films
français du répertoire classique :
Les Visiteurs du soir (1942),
Les Enfants du paradis (1945)
de Marcel Carné. Il est
également l'auteur de célèbres
chansons comme *Les Feuilles
mortes*, et d'autres encore
interprétées par Yves
Montand, chanteur et acteur,
compagnon d'Édith Piaf dans
les années 1950.

La mère fait du tricot
Le fils fait la guerre
Elle trouve ça tout naturel la mère
Et le père qu'est-ce qu'il fait le père ?
Il fait des affaires   5
Sa femme fait du tricot
Son fils la guerre
Lui des affaires
Il trouve ça tout naturel le père
Et le fils et le fils   10
Qu'est-ce qu'il trouve le fils ?
Il ne trouve rien absolument rien le fils
Le fils sa mère fait du tricot son père des affaires lui la
    guerre
Quand il aura fini la guerre   15
Il fera des affaires avec son père
La guerre continue la mère continue elle tricote
Le père continue il fait des affaires
Le fils est tué il ne continue plus
Le père et la mère vont au cimetière   20
Ils trouvent ça naturel le père et la mère
La vie continue la vie avec le tricot la guerre les affaires
Les affaires la guerre le tricot la guerre
Les affaires les affaires et les affaires
La vie avec le cimetière.   25

Jacques Prévert, *Paroles*, Paris, Gallimard, 1946.

Pour mieux comprendre

Faire du tricot (v. *tricoter*) : faire un
vêtement (un pull) avec deux aiguilles
et du coton ou de la laine.

La guerre : le fait, pour deux pays, de se
battre avec des armes.

Trouver ça naturel : penser que la situation est normale.

Tué(e) : faire mourir.

Un cimetière : un endroit où sont enter-
rés les morts.

Découverte

1 Lisez le titre. Faites des hypothèses sur le thème du poème.

2 Regardez ce poème. Observez la longueur des vers (lignes). Que voyez-vous ?

3 Soulignez le vers le plus court. Le mot de ce vers correspond-il au thème que vous aviez imaginé à la question 1 ?

4 Lisez les cinq premiers vers. De qui parle le poète ?

5 Que fait chaque personne ? Quelle est l'activité la moins « naturelle » ? Quel vers dit le contraire ?

Exploration

1 Lisez le poème. Il y a seulement trois signes de ponctuation. Soulignez les vers où ils se trouvent. Quel rythme donne à la lecture l'absence de tout autre signe de ponctuation ?

....

2 Vers 1 à 14 : relevez toutes les répétitions. Que montrent-elles de la vie familiale ?

....

3 Les vers 3 et 9 s'opposent à un autre vers presque identique : lequel ? Le fils est-il différent des parents ? Justifiez votre réponse.

....

4 Vers 14 : quelle est l'idée du poète quand il écrit de cette manière ?

....

5 Qu'est-il arrivé au fils ? Où vont les parents ?

....

6 Qu'est-ce qui change dans la vie des parents à partir du vers 20 ? Que pensez-vous de leur attitude ?

....

7 Que remarquez-vous dans les vers 22 à 24 ? Quel est le mot le plus répété ? Que veut dire le poète ?

....

8 Quels sont les deux mots opposés dans le dernier vers ? Ces deux mots sont reliés par « avec » qui signifie « en compagnie de ». Selon vous, quelle est la nouvelle activité dans la vie des parents ? Cette activité a-t-elle dérangé leur vie ? Quelle est la position de Prévert ?

....

9 Réécrivez le poème en mettant votre propre ponctuation.

L'Écume des jours

Boris Vian

(Ville-d'Avray, 1920 –
Paris, 1959)

Romancier, poète, auteur
de théâtre, chanteur
et musicien de jazz, acteur,
journaliste, ingénieur
et inventeur, Boris Vian
est inclassable. Né dans une
famille aisée, il a une enfance
heureuse. À 22 ans,
il est ingénieur diplômé
d'une Grande École. Après
la Deuxième Guerre mondiale,
il se consacre au jazz et
à la littérature. Il est proche
du surréalisme et de
l'existentialisme. En 1946,
sous le pseudonyme de Vernon
Sullivan, il écrit *J'irai cracher
sur vos tombes*, roman violent,
pastiche de romans policiers
américains, qui fait scandale.
Il publiera sous son vrai nom :
*L'Écume des jours, L'Automne
à Pékin* (1947), *L'Arrache-Cœur*
(1953). Trompettiste
dans les boîtes de nuit
de Saint-Germain-des-Prés,
il rencontre la chanteuse
Juliette Gréco. *L'Écume des
jours*, écrit à 26 ans, reste son
roman le plus apprécié du
jeune public. Les thèmes de la
jeunesse, de l'amour, de la
musique et de la mort, mêlés
aux jeux de mots, révèlent un
auteur cultivé, drôle et inquiet.

J'

– J'ai peur… dit Chloé. Il m'opérera sûrement.

– Non, dit Colin. Tu seras guérie avant.

– Qu'est-ce qu'elle a ? répéta Nicolas. Je peux faire quelque chose ?

Lui aussi avait l'air très malheureux. Son aplomb ordinaire s'était
fortement ramolli.   5

– Ma Chloé… dit Colin. Calme-toi.

– C'est sûr, dit Nicolas. Elle sera guérie très vite.

– Ce nénuphar, dit Colin. Où a-t-elle pu attraper ça ?

– Elle a un nénuphar ? demanda Nicolas, incrédule.

– Dans le poumon droit, dit Colin. Le professeur croyait au début   10
que c'était simplement quelque chose d'animal. Mais c'est ça. On l'a
vu sur l'écran. Il est déjà assez grand, mais enfin, on doit pouvoir en
venir à bout.

– Mais oui, dit Nicolas.

– Vous ne pouvez pas savoir ce que c'est, sanglota Chloé. Ça fait   15
tellement mal quand il bouge.

Boris Vian, *L'Écume des jours*, Paris, Pauvert, 1947.

Pour mieux comprendre

Un nénuphar : un lotus, une plante aux
feuilles rondes et aux fleurs roses, qui
sont sur l'eau.

Un poumon : un organe qui sert à respirer.

Opérer quelqu'un : ouvrir la partie malade
d'un corps.

Guéri(e) : le contraire de malade.

Son aplomb ordinaire : son audace
habituelle, le contraire de timidité.

Ramolli(e) : devenu(e) faible, moins
fort(e).

Attraper : avoir une maladie.

Incrédule : qui ne croit pas.

L'écran : une machine qui sert à voir des
images (des radiographies) à l'intérieur d'un corps.

Le professeur : un grand médecin.

En venir à bout : arriver à arrêter la
maladie.

Sanglota (v. *sangloter* au passé simple) :
pleurer en faisant du bruit et en respirant mal.

Tellement : énormément, beaucoup.

Bouger : Faire des mouvements, remuer.

L'écume : une mousse blanche qui se forme
au-dessus de la mer, du champagne.

Découverte

1 Lisez « Pour mieux comprendre » et cherchez le sens de « nénuphar », « poumon » et opérer.

2 Observez le texte. Quel est le type de passage proposé ? Comment appelle-t-on chaque partie commençant par des tirets ? Combien y en a-t-il ? Numérotez-les.

3 Lisez les deux premières lignes. Soulignez le prénom des deux personnages. Qui est l'homme ? Qui est la femme ? À votre avis, quelles sont leurs relations ? De quoi la jeune femme a-t-elle peur ?

4 Que lui dit l'homme ? Que cherche-t-il à faire en répondant de cette manière ?

5 Lisez la dernière ligne. Que signifie le verbe « sanglota » ? Que montre ce verbe des sentiments du personnage ? Que représente « il » dans la dernière phrase ? Faites des hypothèses sur la situation de la jeune femme.

Exploration

1 Lisez tout le texte pour vérifier vos hypothèses. Maintenant, pouvez-vous préciser qui est « il » dans la dernière phrase ? Qu'avez-vous compris exactement de la situation de la jeune femme ? (relisez les répliques 6, 7). Qu'est-ce la jeune femme a « attrapé » ?

....

2 Comment s'appelle le troisième personnage ? À la réplique 3, que demande-t-il ? Lisez la phrase suivante : comment est-il au moment où il parle ? Comment est-il d'habitude, d'« ordinaire » ? Aidez-vous de « Pour mieux comprendre ».

....

3 Quel est l'adjectif qui caractérise son état au moment où il connaît la nouvelle ? Et vous, comment êtes-vous en lisant cela ?

....

4 Réplique 8 : précisez le sens de « professeur » dans l'extrait. Qu'est-ce qu'il « croyait au début » avoir vu sur l'écran ? Décrivez ce qu'il y a réellement à l'intérieur de la jeune fille. Que pensez-vous de cette image ?

....

5 Quel est le titre du roman ? À quoi vous fait-il penser ? Aidez-vous de « Pour mieux comprendre ». Que veut dire Boris Vian par ce titre ?

....

6 Comment trouvez-vous ce passage : triste, bizarre, amusant, poétique, étrange… ? Vous donne-t-il envie de lire le roman ?

....

7 Imaginez ce qui va arriver à cette jeune fille.

Air vif

Paul Éluard

(Saint-Denis, 1895 –
Paris 1952)

Il est né en banlieue
parisienne. Dès l'âge de 18 ans,
il est malade et commence
à écrire des poèmes inspirés
de Gala, une jeune russe qui
deviendra sa femme. Pendant
la Première Guerre mondiale,
il est gazé. Il fait partie
du groupe des poètes
et peintres surréalistes (Tristan
Tzara, Aragon, Matisse, Breton).
Ses voyages à travers le monde
le laissent sans espoir. Sa poésie
dénonce les horreurs
de la guerre mais elle chante
aussi l'amour, la liberté :
Mourir de ne pas mourir
(1924), *Capitale de la douleur*
(1926), *Les yeux fertiles* (1936).
Il lutte contre le fascisme
et se rapproche du Parti
communiste. Militant pendant
la Deuxième Guerre mondiale,
il publie son célèbre poème
Liberté (*Poésie et vérité*, 1942)
ainsi que *La dernière nuit* où il
exprime sa révolte de la mort
et de l'injustice. *Le temps
déborde* (1947) témoigne de sa
douleur et *Le Phénix* (1951)
chante la joie d'aimer. C'est
une poésie de la liberté
des formes, au lyrisme sincère.

J'ai regardé devant moi
Dans la foule je t'ai vue
Parmi les blés je t'ai vue
Sous un arbre je t'ai vue

Au bout de tous mes voyages   5
Au fond de tous mes tourments
Au tournant de tous les rires
Sortant de l'eau et du feu

L'été l'hiver je t'ai vue
Dans ma maison je t'ai vue   10
Entre mes bras je t'ai vue
Dans mes rêves je t'ai vue

Je ne te quitterai plus.

Paul Éluard, *Le Phénix*, 1951, in *Derniers poèmes d'amour*,
éd. posthume, Paris, Seghers, 1962.

Pour mieux comprendre

Un air : 1) ce que l'on respire 2) l'apparence, l'allure d'une personne.

Vif/vive : qui est frais, pur, qui redonne
vie, réveille.

Une foule : beaucoup de gens rassem-
blés en un lieu.

Le blé : une céréale dont les graines
servent à faire de la farine.

Au bout de : à la fin de.

Au fond de : au plus bas de.

Un tourment : une douleur, une souffrance morale.

Un rêve : c'est le monde imaginaire
d'une personne qui rêve.

Quitterai (v. *quitter*) : abandonner,
se séparer. C'est le contraire de rester.

Découverte

1 Combien de strophes (parties) comporte le texte ? Que remarquez-vous sur la présentation des parties ?

2 À quoi vous fait penser le titre (aidez-vous de « Pour mieux comprendre ») ?
Faites des hypothèses sur ce que le poème va raconter.

3 Lisez le premier et le dernier vers (ligne). Qui parle ?

4 Lisez tout le poème. Repérez et soulignez le groupe de mots le plus répété. Dans quelle partie du poème se trouve-t-il ? Que ressentez-vous à toutes ces répétitions ?

Exploration

1 Lisez la première strophe : à qui le poète s'adresse-t-il ? Relevez les trois lieux (endroits) où il voit la personne évoquée. Qu'est-ce que ces lieux ont de particulier ?

....

2 Selon vous, quel rapport y a-t-il entre cette première strophe et le titre ?

....

3 Deuxième strophe : le poète parle de lui. Repérez le mot qui permet de le reconnaître.
Soulignez le dernier mot des vers 6 et 7 : que constatez-vous ?

....

4 Vers 8-9 : quelles sont les oppositions ? Quel est l'univers dont parle le poète ?

....

5 Troisième strophe : dans quel lieu se trouve le poète ? Où voit-il la femme ? Que représente-t-elle pour lui ?

....

6 Au vers 13 : que promet le poète à la femme ? À votre avis, que s'est-il passé avant ? Pour vous, dans quelles circonstances diriez-vous ces mots ?

....

7 Relisez attentivement le poème. Parmi les titres suivants : l'union, l'apparition, la promesse, l'obsession, lequel correspondrait le mieux à chaque strophe ?

....

8 Vous parlez d'un être aimé : réécrivez les strophes 1 et 3 en gardant « je t'ai vu(e) »
mais en imaginant des lieux différents (« J'ai regardé *derrière moi*/Sur la plage je t'ai vue... »)
et terminez par « Je ne te quitterai plus. »

Tant de temps

Philippe Soupault

(Chaville, 1897 – Paris, 1990)
Il est, avec André Breton, une grande figure du surréalisme. Poète, romancier, essayiste, éditeur, journaliste, homme de radio, il naît dans la grande bourgeoisie dont il voudra s'éloigner toute sa vie.
En 1919, il crée la revue *Littérature* avec Aragon et Breton. En utilisant l'écriture automatique, il rédige avec ce dernier l'œuvre référence du surréalisme, les *Champs magnétiques* (1920).
Il est exclu du Groupe en 1926. Ses poèmes les plus connus sont : *Westwego* (1922), *Georgia*. Aux romans, *Le Bon Apôtre* (1923), *Le Nègre* (1927), *Les Dernières Nuits de Paris* (1928) s'ajoute la direction de la *Revue européenne* où il édite la littérature russe et américaine. Grand reporter, il traverse la planète et écrit sur la politique, le cinéma, la peinture, la littérature. *Poèmes et Poésies* (1973) rassemble son œuvre poétique majeure. *Vingt mille et un jours* (1980) retrace la vie d'un poète aventureux et libre. Ses écrits rappellent ceux des poètes voyageurs : Cendrars et Larbaud.

Le temps qui passe
le temps qui ne passe pas
le temps qu'on tue
le temps de compter jusqu'à dix
le temps qu'on n'a pas   5
le temps qu'il fait
le temps de s'ennuyer
le temps de rêver
le temps de l'agonie
le temps qu'on perd   10
le temps des cerises
le mauvais temps
et le bon et le beau et le froid et le temps chaud
le temps de se retourner
le temps des adieux   15
le temps qu'il est bien temps
le temps qui n'est même pas
le temps de cligner de l'œil
le temps relatif
le temps de boire un coup   20
le temps d'attendre
le temps du bon bout
le temps de mourir
le temps qui ne se mesure pas
le temps de crier gare   25
le temps mort
et puis l'éternité

Philippe Soupault, *Sans phrases* (1953) in *Poèmes et Poésies*, Paris, Les Cahiers Rouges, Grasset, 1973 © Christine Chemetoff-Soupault.

Pour mieux comprendre

Tant : beaucoup.

Le temps qu'on tue : expression *tuer le temps*, occuper le temps à des activités peu intéressantes.

S'ennuyer : s'embêter, le contraire de s'amuser.

L'agonie : les moments avant la mort.

Le temps des cerises : c'est le titre d'une célèbre chanson de la Commune (1871), révolution de Paris, composée par Jean-Baptiste Clément.

Le bon temps : les bons moments du passé.

Le temps de se retourner : prendre le temps de…

Cligner de l'œil : fermer rapidement un œil pour faire un signe.

Crier gare : dire avec une voix forte de faire attention.

Le temps relatif : qui n'est pas précis, approximatif.

Le temps mort : un moment où il ne se passe rien.

L'éternité : un moment qui n'a pas de limites, infini ; l'éternité s'oppose à la vie qui s'arrête à la mort.

Découverte

1 Connaissez-vous des mots et des expressions autour du mot « temps » ? (Travaillez à plusieurs).

2 Lisez « Pour mieux comprendre » et ajoutez à votre liste les nouvelles expressions avec « temps ».

3 Il y beaucoup d'expressions avec « temps ». Lisez le titre. Il a plusieurs sens. Lesquels selon vous ?

4 Combien y a-t-il de vers (lignes) ? Soulignez les deux premiers mots de chaque vers sauf le dernier. Que remarquez-vous ? Où se situe le vers le plus long ?

5 Lisez le poème. L'avez-vous aimé ? Dites pourquoi.

Exploration

1 Relisez le poème et expliquez maintenant le sens du dernier vers. En quoi s'oppose-t-il aux vers qui parlent des différents « temps » ?

....

2 Comment comprenez-vous le premier vers ? À quoi pense déjà le poète ?

....

3 Soulignez les trois vers avec les expressions du temps météorologique.

....

4 Quels sont les vers que vous trouvez amusants ? Justifiez votre réponse.

....

5 Relevez les vers qui expriment la tristesse, l'ennui, la mort (Travaillez par deux).

....

6 Vers 26 : quel est son double sens ?

....

7 Pourquoi ce poème n'a-t-il aucune ponctuation ? Que signifie l'absence de point à la fin ? Qu'est-ce que Soupault a voulu montrer en écrivant de cette manière ?

....

8 Pensez aux moments que vous aimez, détestez, que vous trouvez beaux, drôles… et écrivez un poème qui commence par *Le temps*…

....

Le livre de ma mère

Albert Cohen

(Corfou 1895 – Genève, 1981)
Il est né à Céphalonie, dans
une famille de commerçants
juifs qui s'installe à Marseille
où le jeune Albert fait ses
études. Il termine une licence
de droit à Genève et acquiert
la nationalité suisse. En 1925,
il est délégué du mouvement
sioniste à la Société des Nations.
Au début de la Seconde Guerre
mondiale, il part à Londres où
il s'engage auprès du Général
De Gaulle. En 1947, il est
conseiller juridique de
l'Organisation Internationale
des Réfugiés puis fait une
carrière dans la diplomatie.
Solal paraît en 1930, premier
roman d'une longue suite
qui raconte les aventures
de la famille des Solal :
Mangeclous (1938), *Belle du
Seigneur* (1968), l'un des plus
beaux romans d'amour
de la littérature de langue
française du XXᵉ siècle, *Les
Valeureux* (1969). À la fois
tragique et drôle, l'œuvre
de Cohen met en scène
des personnages qui connaissent
la richesse et la misère, l'amour
fou et le désespoir le plus
sombre. *Le livre de ma mère*
est un hommage bouleversant
à sa mère, morte à Marseille
en 1943.

Elle était déjà vieille en ce temps-là, petite, et de quelque embonpoint. Mais ses yeux étaient magnifiques et ses mains étaient mignonnes et j'aimais baiser ses mains. Je voudrais relire les lettres qu'elle m'écrivait de Marseille avec sa petite main, mais je ne peux pas. J'ai peur de ces signes vivants. 5 Lorsque je rencontre ses lettres, je ferme les yeux et je les range, les yeux fermés. Je n'ose pas non plus regarder ses photographies, où je sais qu'elle pense à moi.

« Moi, mon fils, je n'ai pas étudié comme toi, mais l'amour qu'on raconte dans les livres, c'est des manières de païens. Moi je dis qu'ils 10 jouent la comédie. Ils ne se voient que quand ils sont bien coiffés, bien habillés, comme au théâtre. Ils s'adorent, ils pleurent, ils se donnent de ces abominations de baisers sur la bouche, et un an après ils divorcent ! Alors, où est l'amour ? Ces mariages qui commencent par de l'amour, c'est mauvais signe. (…) » 15

Albert Cohen, *Le livre de ma mère*, Paris, Gallimard, 1954.

Pour mieux comprendre

Un embonpoint : le fait d'être un peu gros.
Baiser : embrasser.
Marseille : grand port dans le sud de la France, près de la mer Méditerranée.
Ose (v. *oser*) : faire une action avec courage.
Des manières de païens : dans le texte, ce sont les comportements de gens qui n'ont pas de religion.
Ils jouent la comédie : ils se comportent comme des personnages de théâtre, de cinéma.

Ils s'adorent (v. *s'adorer*) : ils s'aiment avec passion.
Une abomination : un acte abominable, horrible ; le mal absolu.
Divorcent (v. *divorcer*) : ils se séparent après s'être mariés.
C'est mauvais signe : cela ne sera pas bien pour le futur.

Découverte

1 Regardez le texte : quelle différence remarquez-vous entre le deuxième et le premier paragraphe et que signifie cette différence ?

2 Lisez ce qui est écrit en bas du texte, à droite : de quel livre est extrait ce passage ? Faites des hypothèses sur le contenu puis regardez la biographie de l'auteur.

3 Dans le premier paragraphe, relevez un nom de lieu. Aidez-vous de « Pour mieux comprendre » afin de trouver où se passe l'histoire.

4 Lisez le début de la première phrase de ce premier paragraphe, jusqu'à la virgule. Repérez le pronom personnel, l'adjectif et l'indicateur de temps. De qui parle le narrateur (la personne qui dit « je ») ? Quel est l'âge de ce personnage ? L'indicateur de temps permet-il de dire à quelle époque précise se passe le récit ?

5 Lisez les quatre premiers mots du paragraphe 2 : qui parle à qui ? Quels mots expriment la tendresse ?

Exploration

1 Lisez tout le texte. Dans les deux premières phrases, soulignez les expressions qui dessinent le portrait de la mère. Relevez le premier mot de la deuxième phrase. Qu'est-ce que le narrateur met en opposition ?

....

2 Repérez le nombre de répétitions du mot « mains ». Comment sont-elles qualifiées ? À votre avis, pourquoi le narrateur insiste-t-il sur cette partie du corps ?

....

3 Pourquoi le fils ne peut-il plus relire les lettres de sa mère ? De quelle manière exprime-t-il cette impossibilité ? (relevez les verbes employés, les répétitions…).

....

4 Pourquoi a-t-il peur aussi de regarder ses photographies ? Dans l'explication que donne le narrateur, c'est le présent qui est associé à « elle ». Au début du texte, c'est l'imparfait (« Elle était… » ; « Ses yeux étaient… »). Comment comprenez-vous ce changement de temps ?

....

5 Paragraphe 2, première phrase : comment se présente la mère et de quoi parle-t-elle ? Soulignez les groupes de mots qui sont de chaque côté de « mais ». Qu'est-ce que la mère oppose ?

....

6 Relevez tous les « ils » et les expressions qui les suivent. Qui sont ces « ils » ? Qu'est-ce qui est drôle dans les paroles de la mère ? (Regardez les oppositions de mots, le nombre de verbes employés, la comparaison, certaines expressions utilisées…).

....

7 Comment comprenez-vous la dernière phrase ? Quelle idée la mère a-t-elle du mariage ? Êtes-vous d'accord avec elle ? Dites pourquoi. Lisez maintenant le texte d'Annie Ernaux.

Bonjour tristesse

Françoise Sagan

(Cajarc, Lot, 1935)

En 1954, une jeune fille de 19 ans publie un premier roman, *Bonjour Tristesse*, récit innocent et pervers d'une adolescente. Immense succès, le livre est tiré à 2 millions d'exemplaires, traduit en 20 langues et récompensé du prix des Critiques. C'est le phénomène Sagan. La jeunesse d'après-guerre s'identifie à ses personnages à la recherche du plaisir et indifférents à la morale bourgeoise. Sagan aime les voitures de sport, Saint-Tropez, le casino, les hommes, l'argent, l'alcool et le dit dans ses romans : *Un certain sourire, Dans un mois, dans un an, Aimez-vous Brahms ?* (adapté au cinéma en 1963), *La Femme fardée, De guerre lasse...* et ses pièces de théâtre : *Château en Suède* (1960), *l'Excès contraire* (1987). Elle a aussi écrit une biographie dialoguée : *Sarah Bernhardt* (1987) et le scénario du film de Chabrol, *Landru*. Mais son livre de souvenirs *Derrière l'épaule* (2000) montre que la fête masque avec élégance la solitude.

Cécile, 17 ans, est en vacances sur la Côte d'Azur (la Riviera) où elle rencontre Cyril, son premier amour. Son père, veuf, publicitaire, 40 ans, est avec Elsa, sa jeune maîtresse. Il a invité Anne, une styliste de 42 ans, belle et intelligente. Anne demande à Cécile :

« Et votre examen ?

– Loupé ! dis-je avec entrain. Bien loupé !

– Il faut que vous l'ayez en octobre, absolument.

– Pourquoi ? intervint mon père. Je n'ai jamais eu de diplôme, moi. Et je mène une vie fastueuse. 5

– Vous aviez une certaine fortune au départ, rappela Anne.

– Ma fille trouvera toujours des hommes pour la faire vivre », dit mon père noblement.

Elsa se mit à rire et s'arrêta devant nos trois regards.

« Il faut qu'elle travaille, ces vacances », dit Anne en refermant les 10 yeux pour clore l'entretien.

J'envoyai un regard désespéré à mon père. Il me répondit par un petit sourire gêné. Je me vis devant des pages de Bergson avec ces lignes noires qui me sautaient aux yeux et le rire de Cyril en bas... 15 Cette idée m'épouvanta. Je me traînai jusqu'à Anne, l'appelai à voix basse. Elle ouvrit les yeux. Je penchai sur elle un visage inquiet, suppliant, en ravalant encore mes joues pour me donner l'air d'une intellectuelle surmenée.

« Anne, dis-je, vous n'allez pas me faire ça, me faire travailler par 20 ces chaleurs... ces vacances qui pourraient me faire tant de bien... »

Françoise Sagan, *Bonjour tristesse*, Paris, Julliard, 1954.

Pour mieux comprendre

Veuf (ve) : la femme du père est morte.

Loupé : ne pas réussir un examen.

Avec entrain : avec enthousiasme.

Intervint (v. *intervenir* au passé simple) : réagir aux paroles de quelqu'un.

Fastueuse : magnifique, le contraire de simple.

Noblement : d'une manière digne, avec fierté.

Se mit à : (v. *se mettre à* au passé simple) : commencer à faire quelque chose.

Clore l'entretien : arrêter la discussion.

Je me vis (v. *se voir* au passé simple) : je m'imaginai.

Bergson : philosophe français et prix Nobel (1859-1941).

Épouvanta (v. *épouvanter* au passé simple) : faire très peur.

Penchai (v. *pencher* au passé simple) : faire un mouvement vers le bas, se baisser.

Suppliant : qui demande avec pitié, en priant.

Ravalant mes joues : qui aspire les joues de son visage pour simuler la maladie.

Un(e) intellectuel(le) surmené(e) : une personne qui étudie beaucoup et qui est donc très fatiguée.

Tant : beaucoup.

Découverte

1 Lisez le chapeau (ce qui est au-dessus du texte en italique). Où et quand se passe l'histoire ? Présentez les personnages (nom, âge, caractéristiques…) et la situation.

2 Lisez le titre du livre. Comment le comprenez-vous ? Reportez-vous au chapeau et imaginez l'histoire de ce roman.

3 Observez les différents signes de ponctuation devant certaines phrases. Que signifient-ils ?

4 Lisez la première réplique. Qui pose cette question à Cécile ? À son âge, quel examen peut-on passer ? À quelle époque de l'année le passe-t-on ?

5 Lisez la deuxième réplique. Que répond Cécile ? Comment répond-elle ? Qu'est-ce que cela montre de son caractère ?

Exploration

1 Lisez le texte. Que veut Anne ? Soulignez les deux répliques avec « Il faut… » : présentez son caractère et son opinion sur les études.

....

....

2 Le père a-t-il la même opinion ? Quelle vie a-t-il maintenant ? Et « au départ », qu'est-ce qui l'a aidé ?

....

3 Comment le père voit-il l'avenir de sa fille ? Est-il fier ? Anne est-elle d'accord ? Veut-elle continuer à discuter ? Quelle est l'expression de son visage ?

....

4 Relisez de « J'envoyai… » à « … surmenée. » Soulignez tous les mots, expressions qui montrent la peur et l'attitude de Cécile face à Anne. Que fait-elle pour qu'Anne change d'avis ? Mimez la scène. Aidez-vous de « Pour mieux comprendre ».

....

5 « …ces vacances pourraient me faire tant de bien… » : selon vous, à quoi peut penser Cécile ?

....

6 Vous êtes en vacances et dans la même situation que Cécile : que dites-vous ? Quelle est votre attitude ?

....

7 Dans ce passage de *Bonjour tristesse*, écrit en 1954, Françoise Sagan montre deux visions opposées de l'éducation des filles. Qu'en pensez-vous ?

La Promesse
de l'aube

L'histoire se passe à Wilno en Pologne (actuellement Vilnius en Lituanie).

Romain Gary

(Vilnius, 1914 – Paris, 1980)
C'est l'écrivain
aux deux pseudonymes,
aux deux carrières littéraires,
aux deux Prix Goncourt.

Romain Kacew passe
son enfance en Russie puis
en Pologne avant de venir en
France avec sa mère, à 14 ans.
Il fait des études de droit.
Pendant la Seconde Guerre
mondiale, il s'engage dans
l'aviation. Dès 1945, il devient
conseiller d'ambassade (Sofia,
Berne…) puis consul général
à Los Angeles. Mais la littérature
reste sa passion : *Éducation
européenne* obtient le Prix
des Critiques en 1945
et *Les Racines du ciel* reçoit
le Goncourt en 1956. *La Promesse
de l'aube*, autobiographie
et portrait magnifique
de sa mère, sera adapté
au cinéma, ainsi que *Clair
de femme* (1977) avec Romy
Schneider. Sous le pseudonyme
d'Émile Ajar, il publie
des romans pleins d'humour
et de tendresse : *Gros-Câlin*
(1974), *La Vie devant soi*,
couronné par le Prix Goncourt
en 1975 ! L'œuvre de Gary/Ajar
témoigne du refus de tout
racisme, de tout ce qui domine
l'homme.

Ma mère revenait de ses périples à travers la ville enneigée, posait ses cartons à chapeaux dans un coin, s'asseyait, allumait une cigarette et me regardait avec un sourire radieux.

– Qu'est-ce qu'il y a, maman ?

– Rien. Viens m'embrasser. 5

J'allais l'embrasser. Ses joues sentaient le froid. Elle me tenait contre elle, fixant, par-dessus mon épaule, quelque chose de lointain, avec un air émerveillé. Puis elle disait :

– Tu seras ambassadeur de France.

Je ne savais pas du tout ce que c'était, mais j'étais d'accord. Je 10 n'avais que huit ans, mais ma décision était déjà prise : tout ce que ma mère voulait, j'allais le lui donner.

– Bien, disais-je nonchalamment.

Romain Gary, *La Promesse de l'aube*, Paris, Gallimard, 1960.

Pour mieux comprendre

Un périple : le fait de marcher longtemps, en repassant par les mêmes rues.

Ses cartons à chapeaux : ses boîtes pour mettre les chapeaux.

Radieux : très heureux.

Fixer : regarder un point précis, sans bouger les yeux.

Émerveillé(e) : admiratif(ve), enchanté(e).

Un(e) ambassadeur(rice) : le (la) représentant(e) d'un État dans un pays étranger. Le consul travaille avec l'ambassadeur.

Nonchalamment : avec insouciance, indifférence ; donner l'impression de ne pas être concerné.

Une promesse : des paroles qui engagent à faire quelque chose (un serment). Un espoir.

Une aube : le lever du jour, tôt le matin. Un commencement.

Découverte

1 Regardez le texte : comment est-il composé ?

2 Quels sont les deux premiers mots du texte ? Quel genre littéraire allez-vous découvrir ?

3 Quel est le titre du livre d'où ce passage est extrait ? Que veut-il dire ? (Aidez-vous de « Pour mieux comprendre »). Vous semble-t-il poétique ou réaliste ?

Exploration :

1 Lisez ce qui est au-dessus du texte : où le narrateur vit-il ? Lisez le texte : quel âge a-t-il ? Regardez le début de la biographie de Romain Gary : en quelle année sommes-nous ?

....

2 La mère vend des chapeaux en faisant du porte à porte. Dans la première phrase, soulignez « ses périples » : que signifie ce mot ? De quelle ville est-il question ? Quel temps fait-il ? Qu'est-ce que la mère peut ressentir physiquement quand elle rentre chez elle ?

....

3 Comment regarde-t-elle son fils ? Dans la suite du texte, que fait-elle pour montrer son affection ?

....

4 Deuxième réplique de la mère : que dit-elle ? À votre avis, est-ce une affirmation ou une supposition, un rêve ou une certitude ? Quel espoir a-t-elle pour son fils ? Selon vous, pourquoi choisit-elle ce pays ?

....

5 Relisez le paragraphe au-dessus : qu'est-ce que la mère est en train de fixer ? Qu'est-ce que cela représente pour elle ? Comment expliquez-vous son « air émerveillé » ?

....

6 La dernière réplique du fils : par quel mot et de quelle manière le fils répond-il aux paroles de la mère ? Comment comprenez-vous son attitude ?

....

7 Dans la phrase « Je ne savais… d'accord » : soulignez « mais ». Qu'est-ce qui est contradictoire et drôle dans cette phrase ? Dans la phrase suivante, qu'est-ce que le fils exprime par rapport à sa mère ?

....

8 Lisez la biographie de Romain Gary. L'enfant a-t-il réalisé le rêve de sa mère ? Maintenant, comment comprenez-vous le titre ?

Les Mots

Jean-Paul Sartre

(Paris, 1905 – 1980)

Jean-Paul Sartre a marqué le XXᵉ siècle par ses idées politiques. En 1929, il est diplômé de philosophie et rencontre Simone de Beauvoir, la compagne de sa vie, philosophe elle aussi, écrivaine et féministe. Il écrit de nombreux ouvrages dans différents genres littéraires : théâtre, *Huis clos* (1944), *Les Mains sales* (1948) ; roman, *La Nausée* (1938) ; philosophie, *L'Être et le Néant* (1943) ; essais, *Réflexions sur la question juive* (1946) ; critique littéraire, *Baudelaire* ; autobiographie, *Les Mots* (1964). Il fonde l'existentialisme athée. Dans *L'Existentialisme est un humanisme* (1946), il affirme que l'homme se définit par son libre choix et son engagement. En 1964, il refuse le prix Nobel de littérature. Sartre a influencé la jeunesse française par ses positions politiques. Il voyage à Cuba, en Chine, au Brésil, en Israël, en Égypte… En 1973, il participe à la création du journal de gauche *Libération*. Cinquante mille personnes sont à son enterrement.

Vers 1912, chaque jeudi (jour où il n'y pas d'école) le jeune Jean-Paul Sartre sort avec sa mère Anne-Marie…

Les jours de pluie, Anne-Marie me demandait ce que je souhaitais faire, nous hésitions longuement entre le cirque, le Châtelet, la Maison Électrique et le Musée Grévin ; au dernier moment, avec une négligence calculée, nous décidions d'entrer dans une salle de projection. Mon grand-père paraissait à la 5 porte de son bureau quand nous ouvrions celle de l'appartement ; il demandait : « Où allez-vous, les enfants ? » - « Au cinéma », disait ma mère. Il fronçait les sourcils et elle ajoutait très vite : « Au cinéma du Panthéon, c'est tout à côté, il n'y a que la rue Soufflot à traverser. » Il nous laissait partir en haussant les épaules ; il dirait le 10 jeudi suivant à M. Simonnot : « Voyons, Simonnot, vous qui êtes un homme sérieux, comprenez-vous ça ? Ma fille mène mon petit-fils au cinéma! » et M. Simonnot dirait d'une voix conciliante : « Je n'y ai jamais été mais ma femme y va quelquefois. »

Jean-Paul Sartre, *Les Mots*, partie I : *Lire*, Paris, Gallimard, 1964.

Pour mieux comprendre

Hésitions (v. *hésiter*, à l'imparfait) : ne pas arriver à se décider.

Le Châtelet : un théâtre au centre de Paris.

Le musée Grévin : un musée à Paris où il y a des figures (mannequins) de cire représentant des personnes célèbres.

Une négligence calculée : avoir l'air de ne pas vouloir faire quelque chose que l'on désire faire.

Paraissait (v. *paraître* à l'imparfait) : dans le texte, se montrait.

Fronçait les sourcils : contracter les poils au-dessus des yeux quand on n'est pas content.

En haussant les épaules : lever les épaules (le haut des parties supérieures des bras) pour montrer son indifférence.

Dirait : v. *dire*, au conditionnel présent.

Sérieux : qui est raisonnable, réfléchi, sage.

Mène (v. *mener*) : emmener, accompagner.

Une voix conciliante : une manière de parler pour calmer, faciliter la paix entre les gens.

Découverte

1 Qui est l'auteur de cet extrait ? Regardez sa date de naissance dans sa biographie.

2 Lisez le chapeau. Dans quelle partie du siècle sommes-nous ? Quel est l'âge de l'auteur au moment de ce récit ? Qui est Anne-Marie ? Quel jour sortent-ils et pourquoi ?

3 Lisez le début du texte jusqu'à « Musée Grévin ». Qui raconte cette histoire ? Comment s'appelle ce genre en littérature (roman, théâtre, autobiographie…) ?

4 Quel est le titre du livre ? Quelle en est la partie et comment s'appelle-t-elle ? Selon vous, à quoi Sartre s'est-il intéressé très jeune ?

Exploration

1 Relisez jusqu'à « disait ma mère. » Où vont-ils les jours de pluie ?

2 Avant d'aller à cet endroit, le narrateur (la personne qui raconte l'histoire) dit : « nous hésitions longuement (…) nous décidions d'entrer dans une salle de projection ». Aidez-vous de « Pour mieux comprendre » et expliquez de quelle manière ils se décident.

3 Lisez tout le texte. Soulignez les deux expressions qui caractérisent la réaction du grand-père quand il apprend où vont sa fille et son petit-fils. Quelle est son attitude et que pense-t-il de leur sortie ?

4 « Il dirait le jeudi suivant » : le conditionnel présent exprime un futur dans le passé. Repérez le dialogue entre le grand-père et M. Simonnot. Que pense le grand-père de M. Simonnot ? Quel est le sens de sa question ? Qu'exprime le point d'exclamation ?

5 Reportez à « Pour mieux comprendre » et expliquez comment est la voix de M. Simonnot.

6 Soulignez la réponse de M. Simonnot. Sa position s'oppose-t-elle à celle du grand-père ? Justifiez votre réponse.

7 Pour le grand-père et M. Simonnot, à qui est réservé le cinéma au début du XXᵉ siècle ? Et aujourd'hui, qui fréquente le cinéma ?

8 Souvenez-vous du titre du livre. Pendant sa jeunesse, à quoi Sartre s'est-il aussi intéressé ?

9 À votre avis, que peut apporter le cinéma dans la compréhension entre les gens de cultures différentes ?

Conversation

Jean Tardieu

(Ain, 1903 – Créteil, 1995)
Son père est peintre et
sa mère musicienne. Il fait ses
études à Paris (lycée Condorcet
et la Sorbonne). Gide et Roger
Martin du Gard remarquent ses
poésies, publiées dès 1927 dans
La Nouvelle Revue Française.
En 1941, il entre dans
la Résistance et publie
clandestinement : *L'Honneur
des poètes, Le Témoin invisible.*
À la Libération, il est Chef
du Service Dramatique à la
radio française. Il a pour amis
des peintres (Max Ernst), des
poètes (Char, Éluard, Ponge).
Jean Tardieu a écrit des
essais : *Pages d'écritures* (1967),
deux recueils d'humour
poétique et fantastique :
Un mot pour un autre (1951),
*La première personne
du singulier* (1952), des pièces
de théâtre au style poétique :
Théâtre de chambre (1955-65).
Il est aussi critique d'art :
De la peinture abstraite (1960)
et traducteur (Goethe, Hölderlin).
Ses œuvres, pleines d'humour
et de musicalité, sont traduites
en plusieurs langues. En 1981,
il reçoit le Grand Prix de Poésie
de la Ville de Paris et en 1991
le prix Voltaire pour l'ensemble
de son œuvre.

(Sur le pas de la porte, avec bonhomie.)

Comment ça va sur la terre ?
– Ça va ça va, ça va bien.

Les petits chiens sont-ils prospères ?
– Mon Dieu oui merci bien.

Et les nuages ?   5
– Ça flotte.

Et les volcans ?
– Ça mijote.

Et les fleuves ?
– Ça s'écoule.   10

Et le temps ?
– Ça se déroule.

Et votre âme ?
– Elle est malade
le printemps était trop vert   15
elle a mangé trop de salade.

Jean Tardieu, *Monsieur monsieur*, 1951,
in *Le Fleuve caché*, poésies, 1938-1961, Paris, Gallimard, 1968.

Pour mieux comprendre

Une conversation : un échange, une
    discussion entre deux ou plusieurs
    personnes.
Avec bonhomie : avec simplicité et
    gentillesse.
Prospère : riche, heureux.
Flotter : être à la surface de l'eau ; bouger
    au vent.

Un volcan : une montagne en feu.
Mijoter : cuire lentement sur le feu
    (pour une sauce, un plat).
Un fleuve : un cours d'eau, une grande
    rivière qui va à la mer.
S'écouler : passer, couler (**se dérouler**).
Une âme : la conscience, l'esprit.

Découverte

1 Regardez le texte sans le lire : comment est-il composé ? Quels sont les signes de ponctuation les plus utilisés ? Quel type de texte est proposé ?

2 Quel est le titre du livre d'où ce passage est extrait ? À quoi vous fait-il penser ?

3 Comment comprenez-vous le titre du texte proposé ? Combien faut-il de personnes dans une « conversation » ?

4 Lisez le texte. Qui parle ? À qui ? Les personnages sont-ils nommés ?

Exploration

1 Lisez l'indication entre parenthèses (…) : où se déroule la conversation ? Sur quel ton parlent les personnages ? (aidez-vous de « Pour mieux comprendre »).

....

2 Dans les vers (lignes) 1-2, de quel lieu parle-t-on ? Où peuvent être les personnes qui parlent ? Pour vous, est-ce une question « normale » ? Dites pourquoi.

....

3 Vers 10 et 12 : soulignez les deux mots en fin de vers. En vous aidant de « Pour mieux comprendre », trouvez le point commun entre « les fleuves » et le « temps ». À haute voix, lisez ces deux strophes : quels sons entendez-vous ? À quoi vous fait penser la musicalité de ces vers ?

....

....

4 Dans les réponses, tout semble aller bien. Une seule réponse s'oppose à toutes les autres : laquelle ? De quoi parle-t-on ? Que s'est-il passé ? Qu'est-ce qui est drôle dans cette réponse ?

....

5 Avec quel mot rime « malade » ? Comment comprenez-vous ces vers ? Qu'est-ce qui est à la fois léger et triste dans ce poème ?

....

6 Relisez le poème : sur quoi portent les questions ? Est-ce que ce sont des demandes habituelles quand deux personnes se rencontrent ? Que demande-t-on généralement quand on rencontre quelqu'un ? Sur quoi le poète veut-il que le lecteur s'interroge en posant ce genre de questions ?

....

7 Finalement, est-ce un « vrai » dialogue ? Est-ce votre définition de la « conversation » ? Y a-t-il vraiment deux personnes qui parlent ? Expliquez votre réponse.

L'Œuvre au noir

TABLE

Marguerite Yourcenar, *L'Œuvre au Noir*, Paris, Gallimard, 1968.

Marguerite Yourcenar

(Bruxelles, 1903 – USA, 1987)
Elle est née dans une famille aristocratique. Sa mère meurt après sa naissance. Elle est élevée par un père anticonformiste qui lui fait découvrir l'Europe. La Grèce devient l'une de ses patries spirituelles. Son premier livre, *Le Jardin des Chimères*, paraît en 1921, puis *Alexis ou le traité du vain combat*, en 1929.
La Seconde Guerre mondiale la force à l'exil aux USA, où elle s'installe définitivement dans l'île des Monts-Déserts. Elle connaît le succès avec *Mémoires d'Hadrien* (1951), fausse autobiographie de l'empereur romain du IIᵉ siècle, amoureux de la Grèce. *L'Œuvre au Noir* est l'histoire « d'un homme intelligent et persécuté » au XVIᵉ siècle. Elle choisit la distance de l'Histoire pour mieux parler de l'être humain, à travers une écriture classique et épurée. Elle est la première femme élue à l'Académie française en 1980.

Pour mieux comprendre

L'œuvre au noir : pour les alchimistes du Moyen Âge et de la Renaissance, c'est la transformation du métal en or. Le titre contient l'idée de transformation du monde et des hommes. Le héros, Zénon, né en 1510 à Bruges, est alchimiste, médecin et philosophe.

Errant(e) : qui voyage tout le temps, sans destination précise.

Un chemin : une route en terre, à la campagne ; le symbole de la vie.

Dranoutre : un lieu, en Belgique, près de la frontière française.

Le prieur, le chanoine : deux religieux.

Immobile : qui ne bouge pas.

Un abîme : un énorme trou qui n'a pas de fond ; une situation très mauvaise.

La dune : une colline de sable formée par le vent, au bord de la mer.

La souricière : un piège pour prendre les souris. Une situation très mauvaise dont on ne peut pas se sortir.

Une demeure : une maison.

Un acte d'accusation : au tribunal, dire qu'une personne a agi contre la loi.

Découverte

1 Quel document vous est proposé ? Quel est le sens de « table », ici ?

2 Lisez le titre du livre. Aidez-vous de « Pour mieux comprendre » et dites quels peuvent être les thèmes de ce roman.

3 Repérez les deux dernières lignes : font-elles partie du roman ? À votre avis, quels renseignements apportent-elles ?

4 Combien de parties comporte le roman ? Comptez le nombre de pages par partie. Sont-elles toutes égales ?

5 Lisez le titre de chaque partie. Aidez-vous de « Pour mieux comprendre ». Maintenant, pouvez-vous expliquer pourquoi les parties sont inégales ? Construisez un mini-scénario qui commence par : « C'est l'histoire d'un personnage qui… ».

Exploration

1 Lisez tout le document. Numérotez les chapitres. Le nom du héros est répété trois fois. Retrouvez-le. Dans la biographie de l'auteure et dans pour « Pour mieux comprendre », cherchez des indications sur ce personnage. Présentez-le.

....

2 Chapitres 1 et 2 : comment comprenez-vous : « Le Grand chemin » et le pluriel de « Enfances » ?

....

3 Soulignez les noms de lieux. Situez-les sur une carte de géographie. Dans quelle(s) partie(s) du monde voyage Zénon ? Quelle ville est citée deux fois ? Que représente-t-elle pour le héros ?

....

4 Quels chapitres vous semblent associés à la joie, l'amitié ou la paix ? Dans quelle partie sont-ils les plus nombreux ? Pourquoi, à votre avis ?

....

5 Quels personnages rencontre Zénon ? Selon vous, lesquels sont des amis, une famille qu'il connaît, des religieux ? Quel est le dernier personnage à rendre visite à Zénon ? Pourquoi, à votre avis ?

....

6 Le dernier chapitre : c'est la fin du roman et aussi la fin, la mort de Zénon. Retrouvez tous les chapitres qui annoncent cette fin malheureuse.

....

7 Vous êtes écrivain(e). Votre personnage doit partir de son pays et traverser de nombreuses villes… Écrivez le plan (la table des matières) de votre roman.

L'enfant qui battait la campagne

Claude Roy

(Paris, 1915 – 1997)
Né dans une famille franco-espagnole, Claude Orland a consacré sa vie à la littérature. Il touche à tous les genres : poésie, roman, récit de voyage, livre pour la jeunesse, critique, journalisme, mémoires…
Pendant la Seconde guerre mondiale, il entre dans la Résistance et adhère au Parti communiste en 1942 ; il en est exclu car il s'oppose à l'entrée des troupes soviétiques en Hongrie (1956). Infatigable voyageur (*Clefs pour l'Amérique*, 1949, *Clefs pour la Chine*, 1953, *L'Étonnement du voyageur*, 1990), critique littéraire pour l'hebdomadaire de gauche *Le Nouvel Observateur*, romancier reconnu : *La Nuit est le manteau des pauvres* (1948), *Le Malheur d'aimer* (1958), il publie aussi des essais autobiographiques : *Moi je, Nous, Somme toute*. C'est surtout dans la poésie que s'exprime l'originalité de son talent : *Poète Mineur* (1949), *Un Seul poème* (1955), *Le Noir de l'aube* (1990). Son écriture est légère et fantaisiste, tendre et grave.

« Vous me copierez deux cents fois le verbe :
Je n'écoute pas. Je bats la campagne.

Je bats la campagne, tu bats la campagne,
Il bat la campagne à coups de bâtons.

La campagne ? Pourquoi la battre ?   5
Elle ne m'a jamais rien fait.

C'est ma seule amie, la campagne.
Je baye aux corneilles, je cours la campagne.

Il ne faut jamais battre la campagne :
On pourrait casser un nid et ses œufs.   10

On pourrait briser un iris, une herbe,
On pourrait fêler le cristal de l'eau.

Je n'écouterai pas la leçon.
Je ne battrai pas la campagne. »

Claude Roy, *Enfantasques*, Paris, Gallimard, 1974.

Pour mieux comprendre

Battre la campagne : marcher dans la nature (sens propre). Ne pas être là, ne pas écouter (sens figuré).
Battre : donner des coups, avec un morceau de bois, **un bâton**, pour faire mal.
Bayer aux corneilles : avoir la bouche ouverte en regardant quelque chose ou en rêvant. Ne pas travailler, ne pas écouter.

Un nid : les oiseaux font des nids pour y pondre leurs œufs.
Un iris : une fleur jaune ou violette qui sent bon.
Fêler : casser un petit peu, sans faire de morceaux.
Le cristal : une pierre transparente et dure (un peu comme de la glace). L'eau est transparente.

Découverte

1 Repérez le titre du livre d'où ce texte est extrait. Quel mot reconnaissez-vous ? En reconnaissez-vous un autre ?

2 Regardez le texte : comment est-il composé ? L'écriture est-elle toujours la même ? Par quels signes de ponctuation commence et se termine le texte ? Que signifient-ils ?

3 Lisez le titre : de qui est-il question ? Que fait cette personne ?

4 Lisez tout le texte. Que comprenez-vous ? En général, quelle personne prononce la phrase du premier vers ? Où sommes-nous et qui sont les personnages en présence ?

Exploration

1 Que doit faire l'enfant ? Pourquoi, à votre avis ? (regardez « Pour mieux comprendre).

....

2 Strophe 2 : dans un premier temps, l'enfant obéit-il ? Quel exercice scolaire doit-il faire ? Dans un deuxième temps, qu'ajoute-t-il à la phrase de départ ? Quel autre sens l'enfant donne-t-il à cette nouvelle phrase ?

....

3 Quelles questions pose l'enfant ? Quelles réponses donne-t-il ? Et vous, quelles réponses donneriez-vous ?

....

4 Pour l'enfant, que faut-il ne jamais faire ? Soulignez les trois vers où il explique pourquoi.

....

5 Dans les trois vers soulignés, quels verbes expriment l'idée de destruction ? Lequel fait le moins de mal ? Quels éléments de la campagne le poète choisit-il ? Qu'évoquent-ils pour vous ? Comment imaginez-vous « le cristal de l'eau » ?

....

6 Les deux derniers vers : qui parle ? Comparez ces deux phrases à celle du vers 2. Quelles différences constatez-vous ? Finalement, l'enfant obéit-il ?

....

7 Relisez le texte : qu'est-ce qui en fait la poésie et la drôlerie (les rimes, les répétitions, les mots choisis, les jeux de mots…) ?

....

8 À vous maintenant : à la manière de Claude Roy, écrivez une courte poésie avec l'une des expressions suivantes : « Perdre la tête » : ne plus savoir ce qu'on fait, devenir un peu fou ; « Prendre la porte » : sortir avec colère.

C'est beau

Nathalie Sarraute

(Russie, 1900 – Paris, 1999)
Russe de naissance
et française d'éducation,
Nathalie Tcherniak vit à Paris
dès l'âge de huit ans avec son
père, ingénieur, divorcé
de sa mère écrivaine. Après
une licence d'anglais et de
droit, elle épouse l'avocat
R. Sarraute. En 1939, elle publie
Tropismes que Sartre qualifie
d'« anti-roman ». Ce premier
livre est le point de départ
de son œuvre. Son écriture
s'intéresse à ce qui se cache
sous l'apparence d'une
conversation banale. Dans
sa déconstruction des formes
traditionnelles du roman (*L'Ère
du soupçon*), elle rejoint en
1955 le groupe du Nouveau
Roman et rencontre Duras,
Butor... Ses romans :
Le Planétarium (1959), *Les
Fruits d'or* (Prix International
de Littérature, 1963), *Vous
les entendez ?* (1972), *L'Usage
de la parole* (1980), *Enfance*
(1983), *Tu ne t'aimes pas*
(1989), *Ici* (1995), son théâtre :
C'est beau (1975), *Pour un oui
ou pour un non* (1982)
montrent ces instants
où rien ne semble arriver,
ces « sous-conversations »
qui disent beaucoup sur nos
pensées, nos états intérieurs.

> LUI
>
> C'est beau, tu ne trouves pas ?
>
> ELLE, *hésitante*
>
> Oui...
>
> LUI
>
> Tu ne trouves pas que c'est beau ?
>
> ELLE, *comme à contrecœur*
>
> Si... si...
>
> LUI
>
> Mais, qu'est-ce que tu as ?   5
>
> ELLE
>
> Mais rien. Qu'est-ce que tu veux ? Tu me demandes... Je te réponds oui...
>
> LUI
>
> Mais d'un tel air... tellement du bout des lèvres... comme si c'était une telle concession. (*Inquiet :*) Tu n'aimes pas ça ?
>
> ELLE
>
> Mais si, j'aime, je te l'ai dit... Mais juste maintenant... tu ne veux 10 donc pas comprendre...
>
> LUI
>
> Non, en effet, je ne comprends pas...

Nathalie Sarraute, *C'est beau*, Paris, Gallimard, 1975.

Pour mieux comprendre

Hésitant(e) : une personne qui n'est pas sûre.

À contrecœur : malgré elle ; le contraire de volontiers.

Tellement : complètement.

Du bout des lèvres : parler sans aucun enthousiasme.

Une telle concession : c'est un compromis, une acceptation à contrecœur.

Juste maintenant : à ce moment précis.

Découverte

1 Regardez la présentation de ce texte et dites de quel genre littéraire il s'agit.

2 De quel livre est extrait ce passage ? Que pensez-vous d'un tel titre ? Donnez des exemples de ce qui peut être beau.

3 Repérez et soulignez les mots en majuscules au-dessus de chaque phrase.
Précisez qui ils représentent. L'auteure indique-t-elle à quel moment du livre nous sommes ?

4 Êtes-vous habitué à cette manière d'écrire ? Quelle est la manière traditionnelle de présenter ce genre de texte ? Cherchez des exemples dans ce manuel.

Exploration

C'est le début de la pièce.

1 Lisez tout le texte. Du début jusqu'à « Je te réponds oui… » : qui représentent LUI et ELLE ?
À votre avis, qu'est-ce qu'ils peuvent trouver « beau » ?

....

2 Soulignez les didascalies (les mots en italique) après ELLE. À l'aide de « Pour mieux comprendre »,
expliquez comment ELLE répond.

....

3 Que signifient les points de suspension dans les trois premières répliques de ELLE ?
Que montrent-ils de son attitude ?

....

4 Relisez les cinq répliques de LUI : combien y a-t-il de questions ? Sont-elles ouvertes (la réponse attendue peut être développée) ou fermées (on ne peut répondre que par *oui* ou par *non*) ?
Avec les questions posées, ELLE peut-elle répondre autre chose que par oui ou non ?
Développez votre réponse.

....

5 Qu'est-ce que LUI reproche à ELLE ? Soulignez le mot en italique et entre parenthèses (…).
Quel nouveau comportement indique-t-il ?

....

6 « tu ne veux donc pas comprendre… » : qu'est-ce que ELLE essaie de dire à LUI :
que la conversation est impossible ? qu'elle n'a pas envie de parler ? qu'elle ne trouve pas
« ça » vraiment beau… ? Que veut montrer Sarraute à travers ces échanges ? (l'objet de leur conversation est-il vraiment important ?).

....

7 Jouez cette scène en insistant sur la différence de ton entre ELLE et LUI et en travaillant sur les hésitations.

Lullaby

Jean-Marie Gustave Le Clézio

C'est actuellement l'un des plus importants écrivains français. Il est né à Nice en 1940 d'un père anglais et d'une mère française. Bilingue, il choisit le français, langue de ses ancêtres bretons émigrés à l'île Maurice. À 23 ans, il obtient le prix Renaudot, pour son premier roman, *Le Procès-verbal*. En 1980, l'Académie française lui décerne le Grand Prix Paul Morand pour *Désert*. Fasciné par la mythologie indienne, il partage sa vie entre la France et le Mexique. Il publie des romans : *Le Chercheur d'or* (1985), *Voyage à Rodrigues* (1986), *Onitsha* (1991), des nouvelles : *Mondo et autres histoires* (1978), *Printemps et autres saisons* (1989), *Hasard* suivi de *Angoli Mala* (1999), des traductions de mythologies indiennes : *Les Prophéties du Chilam Balam* (1977). Il est élu le plus grand auteur vivant de langue française en 1994. Écrivain du voyage, de l'enfance, il dénonce la société industrielle et la perte de ses mythes.

Lullaby, environ 13 ans, habite en France avec sa mère. Elle décide de ne plus aller à l'école.

Elle regarda le réveil sur la table : huit heures dix. C'était un petit réveille-matin de voyage, gainé de peau de lézard noir qu'on n'avait besoin de remonter que tous les huit jours. Lullaby écrivit sur la feuille de papier à lettres.

Cher Ppa, je voudrais bien que tu viennes reprendre le réveille-matin. Tu me l'avais donné avant que je parte de Téhéran et maman et sœur Laurence avaient dit qu'il était très beau. Moi aussi je le trouve très beau, mais je crois que maintenant il ne me servira plus. C'est pourquoi je voudrais que tu viennes le prendre. Il te servira à nouveau. Il marche très bien. Il ne fait pas de bruit la nuit.

Elle mit la lettre dans une enveloppe par avion. Avant de fermer l'enveloppe, elle chercha quelque chose d'autre à glisser dedans. Mais sur la table il n'y avait rien que des papiers, des livres, et des miettes de biscotte. Alors elle écrivit l'adresse sur l'enveloppe.

Monsieur Paul Ferlande
P.R.O.C.O.M.
84, avenue Ferdowsi
Téhéran
Iran

J.-M. G. Le Clézio, *Lullaby*,
in *Mondo et autres histoires*, Paris, Gallimard, 1978.

Pour mieux comprendre

Verbes au passé simple : écrivit (écrire) ; mit (mettre).

Gainé de peau de lézard : Le réveil est enveloppé de la peau séchée d'un petit animal à longue queue.

Remonter : remettre le réveil en marche.

Servira : v. *servir* : être utile.

Des miettes de biscotte : de petits morceaux d'une sorte de pain très dur (toast).

Découverte

1 Regardez en bas du texte, à droite : quel est le titre du récit d'où ce passage est extrait ?
Dans quel recueil se trouve ce récit ? À quel genre littéraire appartient-il ? Dans la biographie,
retrouvez le mot qui précise ce genre.

2 Regardez le texte sans le lire : comment est-il composé ?

3 Lisez le chapeau (ce qui est au-dessus du texte). Présentez le personnage. Qu'a-t-il décidé
de faire ? Que pensez-vous de cette décision ?

Exploration

1 Lisez le texte. Que comprenez-vous ? Qu'est-ce que Lullaby est en train de faire ?
Repérez la phrase et les deux parties du texte qui sont en rapport avec ce qu'elle fait.

....

2 Premier paragraphe : de quel objet parle-t-on ? Décrivez-le. À votre avis, Lullaby le trouve-t-elle
joli ?

....

3 Dans la suite du texte, retrouvez la partie où Lullaby dit comment elle trouve cet objet. Qui lui
a donné cet objet et dans quelle ville ?

....

4 Quels sont les deux premiers mots de la lettre ? Que remarquez-vous ? Que veut Lullaby ?
Combien de fois répète-t-elle sa demande ? Que signifie cette répétition ?

....

....

5 Quelle raison Lullaby donne-t-elle à sa demande ? Son père peut-il comprendre ? Justifiez votre
réponse.

....

6 Où se trouve le père de Lullaby ? Relisez les phrases qui contiennent « je voudrais » : que désire
vraiment la fillette ?

....

7 Troisième paragraphe : que cherche-t-elle à mettre dans l'enveloppe avant de la fermer ?
À votre avis, que veut dire ce geste ?

....

8 Son père lui répond : écrivez la lettre.

Une si longue lettre

Ramatoulaye écrit à son amie d'enfance Aïssatou.

J'e survivais. Je me débarrassais de ma timidité pour affronter seule les salles de cinéma ; je m'asseyais à ma place, avec de moins en moins de gêne, au fil des mois. On dévisageait la femme mûre sans compagnon. Je feignais l'indifférence, alors que la colère martelait mes nerfs et que mes larmes retenues embuaient 5 mes yeux. Je mesurais, aux regards étonnés, la minceur de la liberté accordée à la femme.

Les séances de matinée, au cinéma, me comblaient. Elles me donnaient le courage d'affronter la curiosité des uns et des autres. Elles ne m'éloignaient pas longtemps de mes enfants.

Le cinéma, quel dérivatif puissant à l'angoisse ! Films intellec- 10 tuels, à thèse, films sentimentaux, films policiers, films drôles, films à suspense furent mes compagnons. Je puisais en eux des leçons de grandeur, de courage et de persévérance. Ils approfondissaient et élargissaient ma vision du monde, grâce à leur apport culturel. J'oubliais mes tourments en partageant ceux d'autrui. Le cinéma, 15 distraction peu coûteuse, peut donc procurer une joie saine.

Je survivais. (…)

Mariama Bâ, *Une si longue lettre*, Paris, 1979
pour les Nouvelles Éditions Africaines, 2001 pour Le Serpent à Plumes.

Mariama Bâ

Elle est la première romancière à décrire la place faite aux femmes africaines. Elle est née au Sénégal en 1929. Très jeune, elle perd sa mère. Son père, alors ministre de la santé, et son institutrice l'encouragent dans ses études. Elle enseigne pendant douze ans. Elle est aussi mère de neuf enfants, divorcée puis remariée. Elle milite pour les droits des femmes et pour l'éducation.

Son premier roman, *Une si longue lettre* (1979), est composé de 28 lettres échangées entre Ramatoulaye Fall et son amie Aïssatou. Dans une langue pleine d'émotion, elle évoque les souvenirs d'une mère et parle de la condition de la femme veuve (sans mari), de la polygamie, du mariage forcé, de sa vie d'étudiante. Elle meurt à Dakar en 1981 avant la publication de son second roman, *Le Chant écarlate*, qui aborde la question des couples mixtes.

Pour mieux comprendre

Survivais (v. *survivre*) : rester en vie après un événement très dur.

Débarrassais (v. *débarrasser*) : quitter. Elle n'est plus timide, gênée.

Affronter : faire face, s'opposer à.

Dévisageait : regarder avec insistance, avec **curiosité**.

Un compagnon : un mari, la personne avec qui on **partage** sa vie.

Je feignais l'indifférence : je fais croire que je ne ressens rien.

Martelait : frapper, donner des coups répétés.

La minceur : elle prend conscience (**mesurer**) du peu de liberté.

Comblaient : satisfaire totalement.

Un dérivatif puissant : une activité qui fait oublier complètement le malheur.

L'angoisse : une grande inquiétude.

Furent : v. *être* au passé simple.

La persévérance : l'insistance ; avec force et courage.

Approfondissaient (v. *approfondir*) : ils m'apportaient plus de connaissances (**élargir**).

Sain(e) : qui fait du bien.

Découverte

1 Quel est le titre du livre d'où ce passage est extrait ? De quel genre d'écrit s'agit-il ?

2 Lisez le chapeau (ce qui est écrit avant le texte, en italique) : qui écrit ? À qui ?

3 Quelles sont les deux phrases qui ouvrent et ferment le texte ? Regardez dans « Pour mieux comprendre » et dites ce que vous comprenez.

4 Lisez le texte. Quel est le mot répété quatre fois ? De quoi la narratrice va-t-elle parler ?

Exploration

1 Paragraphe 1 : où Ramatoulaye va-t-elle ? Est-elle seule ? Retrouvez la phrase qui dit qu'elle est sans mari. Que font les gens (« on ») autour d'elle ? Pourquoi ?

....

2 Relevez les sentiments qu'elle exprime (quatre). Soulignez les verbes conjugués et l'expression qui précisent ses sentiments. Que se passe-t-il chez cette femme ?

....

3 Paragraphe 2 : à quel moment va-t-elle dans ce lieu ? Qu'est-ce que ce lieu lui offre ?

....

4 Paragraphe 3, dernière phrase : que représente ce lieu pour la femme et quel sentiment donne-t-il (« procurer ») ? Quel adjectif qualifie ce sentiment ? Qu'en pensez-vous ?

....

5 Retrouvez la phrase sans verbe. Quel est le signe de ponctuation ? Quel est son sens ?
En vous aidant de « Pour mieux comprendre », dites avec vos mots ce qu'exprime la narratrice.

....

6 Quel genre de films va-t-elle voir ? Retrouvez le mot qui montre qu'ils sont très importants pour elle. A-t-il le même sens que celui du paragraphe 1 ? Pourquoi choisit-elle ce mot pour parler des films ?

....

7 De « Je puisais… » à « autrui » : qu'est-ce que Ramatoulaye va chercher dans les films ? Partagez-vous son point de vue ?

....

8 Et vous, pourquoi allez-vous au cinéma ? Que représentent les films pour vous ? Lisez ensuite le texte de Sartre.

....

Le gone du Chaâba

Azouz Begag

Il est né en 1957 à Villeurbanne, dans la banlieue de Lyon. Fils d'immigrés algériens arrivés en France en 1947, il passe son enfance dans un bidonville. Après ses études universitaires, il devient chercheur au CNRS (Centre National de Recherche Scientifique) et à la Maison des Sciences Sociales de Lyon. Il poursuit une double carrière de chercheur et d'écrivain, fonde les Clubs Convergences pour faire connaître les réussites des immigrés. Il se rend souvent dans les écoles pour animer des ateliers d'écriture et rencontrer les élèves.

Les héros de ses livres sont des enfants issus de l'immigration qui vivent les difficultés de l'intégration à la société française : *Le gone du Chaâba* (Prix Sorcières en 1987), *Béni ou le paradis perdu* (1989), *Les Voleurs d'écriture* (1990), *La Force du berger* (Prix européen de la littérature enfantine en 1992), *L'Ilet-aux-Vents* (1992), *Mona et le bateau-livre* (1996). Dans ses romans, A. Begag parle avec tendresse et humour d'un milieu qui lui est familier et oblige le lecteur à abandonner ses stéréotypes.

Azouz Begag, fils d'immigrés algériens, raconte son enfance dans la banlieue de Lyon, dans les années 1960.

2 heures. À nouveau dans la classe. L'après-midi passe doucement. Mes idées sont claires à présent, depuis la leçon de ce matin. À partir d'aujourd'hui, terminé l'Arabe de la classe. Il faut que je traite d'égal à égal avec les Français.

Dès que nous avons pénétré dans la classe, je me suis installé au premier rang, juste sous le nez du maître. Celui qui était là avant n'a pas demandé son reste. Il est allé droit au fond occuper ma place désormais vacante.

Le maître m'a jeté un regard surpris. Je le comprends. Je vais lui montrer que je peux être parmi les plus obéissants, parmi ceux qui tiennent leur carnet du jour le plus proprement, parmi ceux dont les mains et les ongles ne laissent pas filtrer la moindre trace de crasse, parmi les plus actifs en cours.

– Nous sommes tous descendants de Vercingétorix !

– Oui, maître !

– Notre pays, la France, a une superficie de…

– Oui, maître !

Le maître a toujours raison. S'il dit que nous sommes tous des descendants des Gaulois, c'est qu'il a raison, et tant pis si chez moi nous n'avons pas les mêmes moustaches.

Azouz Begag, Le gone du Chaâba, Paris, Seuil, 1986.

Pour mieux comprendre

Le gone : un enfant, un gamin, dans le parler de la région de Lyon.

Le Chaâba : c'est un bidonville (un ensemble de baraques, de logements sans confort ni hygiène où vivent les pauvres) de la banlieue de Lyon, dans les années 1960-70. Les travailleurs immigrés habitaient à cet endroit. Ce mot est construit sur le mot de l'arabe algérien « chaâb » qui signifie « peuple ».

Traite (v. *traiter*) : établir un rapport avec quelqu'un ; agir, se conduire d'une certaine manière envers une personne.

Celui : représente un élève français.

N'a pas demandé son reste : n'a posé aucune question et est parti.

Vacante : vide.

Ne laissent pas filtrer la moindre trace de crasse : il n'y a pas la plus petite marque de saleté (ce qui n'est pas propre) sur les mains et sous les ongles.

Un descendant : une personne qui est née d'une autre personne et qui va vivre après elle : enfants, petits-enfants.

Vercingétorix : Un grand chef gaulois vaincu à Alésia par Jules César en 52 avant Jésus-Christ.

Gaulois : Les habitants de la Gaule, qui deviendra, plus tard, la France. Les Gaulois sont représentés avec des moustaches (des poils sous le nez) blondes qui tombent vers le menton.

Tant pis : cela n'a pas d'importance.

Découverte

1 Regardez le texte : de combien de parties est-il composé ? Quelle est la particularité d'une des parties ? Que signifie cette présentation ?

2 De quel livre est extrait ce passage ? Faites des hypothèses sur le contenu.

3 Repérez les noms propres. Qu'est-ce qui rapproche tous ces termes ?

4 Soulignez les deux premières phrases. Où et quand se passe l'histoire ? À votre avis, pourquoi « 2 » est-il écrit en chiffre et pourquoi les phrases n'ont-elles pas de verbe ?

5 Lisez tout le texte. Qui parle ? Quel genre de texte vous est proposé (roman, autobiographie, théâtre…) ?

Exploration

1 Quelles sont les nationalités en présence ? Que comprenez-vous de l'histoire ?

2 Premier paragraphe : soulignez la cinquième phrase. A. Begag joue avec l'expression : « l'Arabe de service » (la personne qui n'est pas allée à l'école et fait le travail le plus dur). Repérez l'indicateur de temps. Dites quelle est la décision du petit garçon (aidez-vous de la phrase suivante).

3 Deuxième paragraphe : de quel personnage important est-il question ? Où s'installe le petit garçon ? Quelle expression précise l'endroit ? Qu'est-ce qui est drôle dans cette image ?

4 Qui est « celui » ? Que fait-il face à la décision d'Azouz ? Quelle est sa réaction ?

5 Troisième paragraphe : quelle est la réaction du maître face à l'acte d'Azouz ? Comment expliquez-vous cette réaction ? (aidez-vous des indications données à la question 2).

6 Le narrateur explique comment il va se comporter à l'avenir. Relevez les passages qui parlent de son nouveau comportement. Soulignez les répétitions. À votre avis, que signifient-elles ?

7 La partie suivante se présente comme un dialogue mais n'est pas vraiment un échange. Quelle expression montre que l'un des personnages ne parle pas « d'égal à égal » avec l'autre ?

8 Repérez la phrase qui explique le passage dialogué. Que pensez-vous de cette affirmation ? Dans « nous sommes tous des descendants de Gaulois », A. Begag se moque de l'enseignement colonial qui apprenait aux enfants africains la même Histoire qu'aux enfants français. Comparez les moustaches des Arabes. Qu'est-ce qui est à la fois drôle et triste ?

9 À votre avis, quelles vont être les réactions des amis arabes du petit garçon (ils habitent dans le même bidonville) après sa décision ?

Moi Tituba
sorcière…

Maryse Condé

Romancière, essayiste, dramaturge, c'est une grande figure de la littérature contemporaine.

Elle est née en 1937 à Pointe-à-Pitre (Guadeloupe), dans une famille aisée. Après des études de Lettres à la Sorbonne, elle part enseigner en Afrique (1960-1972). À son retour, elle commence une carrière universitaire en France puis aux États-Unis. Quête des racines africaines, Histoire du royaume bambara, *Ségou*, (1984-1985) rencontre un grand succès. Elle obtient le Grand Prix Littéraire de la Femme pour *Moi, Tituba sorcière… Noire de Salem*. Certains de ses livres transmettent la mémoire de l'esclavage, d'autres parlent des migrations contemporaines : *Desirada* (1997). *L'Histoire de la femme cannibale* (2003) raconte la vie d'une « étrangère de tous les pays ». Le Prix de l'Académie Française couronne *La Vie scélérate* (1987), le Prix Marguerite Yourcenar, *Le Cœur à rire et à pleurer* (1999). En 1993, elle est la première femme à recevoir le Prix Puterbaugh (U.S.A), pour l'ensemble de son œuvre.

Au XVIIᵉ siècle, à la Barbade, dans les Caraïbes, une petite fille de sept ans, enfant d'une esclave, raconte :

On pendit ma mère.

Je vis son corps tournoyer aux branches basses d'un fromager.

Elle avait commis le crime pour lequel il n'est pas de pardon. Elle avait frappé un Blanc. Elle ne l'avait pas tué cependant. Dans sa fureur maladroite, elle n'était parvenue qu'à lui entailler l'épaule. 5

On pendit ma mère.

Tous les esclaves avaient été conviés à son exécution. Quand, la nuque brisée, elle rendit l'âme, un chant de révolte et de colère s'éleva de toutes les poitrines que les chefs d'équipe firent taire à grands coups de nerf de bœuf. Moi, réfugiée entre les jupes d'une 10 femme, je sentis se solidifier en moi comme une lave, un sentiment qui ne devait plus me quitter, mélange de terreur et de deuil.

On pendit ma mère.

Maryse Condé, *Moi, Tituba sorcière…*, Paris, Mercure de France, 1986.

Pour mieux comprendre

Les verbes au passé simple : **pendit**, pendre (mourir attaché au bout d'une corde) ; **vis**, voir ; **rendit**, rendre (**rendre l'âme** : mourir) ; **s'éleva**, s'élever (monter) ; **firent**, faire (**firent taire** : obligent au silence) ; **sentis**, sentir. Le passé simple exprime une action passée, qui ne se reproduira plus et qui se détache de ce qui est écrit à l'imparfait ou au plus-que-parfait.

Les verbes au plus-que-parfait : **avait commis**, commettre (faire) ; **avait frappé**, frapper (battre, donner des coups) ; **avait… tué**, tuer ; **était parvenue**, parvenir (arriver à) ; **avaient été conviés**, forme passive, convier (inviter ; dans le texte : obliger). Le plus-que-parfait exprime une action qui s'est passée avant une autre action exprimée au passé simple.

Tournoyer : tourner sur soi.

Un fromager : un très grand arbre des pays tropicaux.

Un crime : le fait de commettre un acte contraire à la loi. Tuer quelqu'un.

Un pardon : une excuse pour une faute.

Entailler : blesser légèrement. Faire une coupure peu profonde.

Un(e) esclave : une personne qui n'est pas libre, qui appartient à un maître.

Une exécution : une mise à mort.

La nuque : l'arrière du cou.

Un nerf de bœuf : une partie du bœuf séchée et durcie qui sert à frapper une personne ou un animal.

Se solidifier : devenir solide, dur comme la pierre.

Une terreur : une très grande peur.

Un deuil : la souffrance que l'on ressent à la mort d'une personne.

Une sorcière : une femme qui fait de la magie, qui a des pouvoirs surnaturels. Autrefois, on brûlait les sorcières. En 1692, à Salem, en Amérique, une trentaine de personnes accusées de sorcellerie ont été exécutées.

Découverte

1 Quel est le titre du livre dont ce passage est extrait ? Le premier mot du titre donne une indication sur le genre d'écrit : quel est ce genre ? Comment s'appelle le personnage ? Comment le personnage se présente-t-il ? Faites des hypothèses sur l'histoire que raconte le livre.

2 Par quelle ponctuation le titre se termine-t-il ? Selon vous, que peut vouloir dire cette ponctuation ici ? (Lisez la biographie de l'auteur).

3 Lisez le chapeau (ce qui est en haut du texte, en italique) : à quelle époque et dans quel lieu se passe l'histoire ? Qui raconte ? Quelles sont les caractéristiques de ce personnage ? Correspondent-elles aux caractéristiques du personnage du titre ? Expliquez votre réponse.

4 Regardez le texte et la phrase répétée trois fois : que se passe-t-il ? À votre avis, qui est « on » ? (aidez-vous d'une des réponses apportée à la question 3).

5 Lisez le texte et numérotez chaque paragraphe. Dites avec vos mots ce que vous comprenez.

Exploration

1 Qui regarde ce qui se passe ? (Relisez la deuxième phrase du texte et la première du paragraphe 5). Où s'est réfugiée (cachée) la petite fille (paragraphe 5) ? Quel est le changement d'attitude chez l'enfant ? (pensez à son regard).

....

2 Quelle est la réaction des esclaves et quelle est la réaction des « chefs d'équipe » (les personnes qui commandent les esclaves) ? Qu'est-ce que les esclaves n'ont pas le droit de faire ? Comment jugez-vous la réaction des « chefs d'équipe » ?

....

3 Troisième paragraphe : repérez le passage au présent. Dans la même phrase, de qui est-il question ? Qu'a fait ce personnage ? Dans la phrase suivante, quelle précision est apportée ? À votre avis, pourquoi le présent est-il utilisé ?

....

4 Dans ce même paragraphe : en réalité, la mère de l'enfant a-t-elle tué le Blanc ? Qu'a-t-elle seulement fait ? Quelle est la loi des Blancs pour les esclaves ?

....

5 Revenez au cinquième paragraphe (à partir de « Moi ») : quel sentiment éprouve l'enfant ? Quels mots disent que ce sentiment va rester chez elle ? Essayez d'expliquer comment un sentiment peut « se solidifier ».

....

6 Relisez le texte. Quel est le rôle des répétitions ? Quelles dernières images l'enfant gardera-t-elle de sa mère ? Retrouvez-les dans le texte.

....

7 Dites ce que vous avez ressenti à la lecture de ce passage.

Oran, langue morte

Assia Djebar

De son vrai nom Fatima-Zohra Imalayène, elle est née en 1936 à Cherchell, près d'Alger. Son père est instituteur. Elle rentre à l'École Normale Supérieure de Sèvres, en France. Elle est journaliste, cinéaste (*La nouba des femmes du Mont Chénoua*, prix de la Critique internationale à Venise en 1979) ; elle poursuit une carrière universitaire à Alger puis aux États-Unis. Elle écrit de nombreux romans : *L'amour, la fantasia* en 1985 (prix de l'Amitié Franco-Arabe), puis *Ombre sultane* (1987), *Loin de Médine* (1991), *Vaste est la prison* (1995), *Les nuits de Strasbourg* (1997), *La femme sans sépulture* (2002), *La disparition de la langue française* (2003). L'ensemble de son œuvre reçoit de nombreux prix, dont l'International Neustadt Price (1996), le Prix Marguerite Yourcenar (1999), le Prix de la Paix (2000). La richesse de son écriture, à la fois sensuelle, lyrique et précise, entre biographie et Histoire, fait entendre les voix des femmes enfermées et le courage de celles qui luttent pour leur liberté. Dans ses livres, les mouvements tragiques de l'histoire algérienne sont toujours présents.

(nouvelle)

> *J'ai appris à lire, à écrire, à hurler,*
> *à vomir en Algérie.*
> HÉLÈNE CIXOUS
> *(La jeune Née)*

pour Yamina

I

O— Olivia, je ne viens pas en vacances chez vous, en Sardaigne, comme l'été précédent. Je rentre, Olivia, … « Où donc ? » demanderas-tu. Je te l'écris ; je n'ose te le dire de vive voix. J'erre, en ce début des chaleurs de juin, j'erre dans les rues de Paris et j'ai décidé : je rentre. « Où donc ? » me diras-tu, élargissant tes grands yeux. Olivia, cet été, pas de ⁵ plongée pour moi dans les criques de votre village ; pas de veillées sur la vieille place, avec les voisins, et les amis, venus de si loin… Je rentre, Olivia. Je te le dirai demain, ou après-demain. Ou je te l'écrirai.

Est-ce que, vraiment, cette fois, je rentre chez moi ? Disons chez ma mère, enfin, chez ma tante maternelle. Elle est sans force ; elle se ¹⁰ fait vieille. (…)

Assia Djebar, *Oran, langue morte*, Paris, Actes Sud, 1997.

Pour mieux comprendre

Oran : une ville d'Algérie.
Une nouvelle : c'est un récit bref, plus court que le roman.
Hurler : crier.
Vomir : rejeter ce que l'on a mangé.
Hélène Cixous : romancière et féministe française née en 1937 à Oran.
La Sardaigne : une île d'Italie.
Précédent : avant, dernier.
Ose (v. *oser*) : avoir le courage de faire quelque chose.

De vive voix : à voix haute.
Erre (v. *errer*) : aller au hasard.
Élargissant (v. *élargir*) : rendre plus large, agrandir.
Une plongée : aller sous l'eau (la plongée sous-marine).
Une crique : la mer s'avance dans la terre et il y a une petite plage.

Découverte

1 Repérez le titre et l'indication entre parenthèses en haut. Quel est le genre de l'écrit proposé ? Que remarquez-vous par rapport au titre du livre (en bas du texte) ?

2 Où se trouve la ville citée ? À votre avis, une ville peut-elle être une « langue » ? Trouvez le contraire de « langue morte ». Sur quoi Assia Djebar attire-t-elle l'attention ?

3 Lisez l'exergue (ce qui est écrit en italique en haut à droite). Qui est l'auteure de l'exergue et le titre de l'œuvre d'où il est extrait ? Dans les quatre verbes à l'infinitif, lesquels ne font pas vraiment partie d'un apprentissage ?

4 Pour qui est écrite cette nouvelle ? À quelle partie du livre est-on ? Quelle indication permet de le dire ?

Exploration

1 Lisez la première phrase : qui parle à qui ? Qu'est-ce que la narratrice (« je ») ne fera pas ?

....

2 Lisez le texte. « Je rentre, Olivia… » : où se trouve la narratrice au moment où elle écrit ? Que décide-t-elle ? Combien de fois le répète-t-elle ? Que signifient ces répétitions ?

....

3 « Je te l'écris » : à quelle question répond cette phrase ? Lisez la suite de la phrase et dites ce que la narratrice n'a pas le courage de faire. Pourquoi, à votre avis ?

....

4 Quatrième phrase : relevez le premier et le dernier mot. Qu'expriment-ils ? Lisez cette phrase en regardant la place des virgules, les répétitions de mots. Quel mouvement l'auteure essaie-t-elle de reproduire ? (Pensez à ce que fait la narratrice).

....

5 Soulignez la deuxième question d'Olivia et ce qui suit. Selon vous, sa réaction montre-t-elle de la surprise, de l'étonnement, de l'indifférence ? Justifiez votre réponse. À votre avis, considère-t-elle la narratrice comme française ou étrangère ?

....

6 « cet été… » marque le moment où parle la narratrice. À quel autre groupe de mots s'oppose-t-il (première phrase) ? Relevez toutes les activités que la narratrice ne fera pas. Quelle était l'ambiance de ces moments ? (chaleur, paix, douceur, amitié…).

....

7 Deuxième paragraphe : soulignez la question. La France est-elle le pays natal de la narratrice ? Quelles sont les deux expressions qui montrent qu'elle hésite sur son lieu d'origine ?

....

8 « …chez moi/ chez ma mère/ ma tante » : comment la narratrice parle-t-elle du lieu où elle va aller ? Finalement, quelle est la raison de son départ ? Dans quel pays rentre-t-elle ?

....

9 Pour l'auteure, la ville d'Oran est associée à une « langue morte ». À votre tour, trouvez un titre de roman qui associe une ville à une image, une sensation, un souvenir.

Une femme

La narratrice parle de sa mère, morte le 7 avril 1986.

E lle a poursuivi son désir d'apprendre à travers moi. Le soir, à table, elle me faisait parler de mon école, de ce qu'on m'enseignait, des professeurs. Elle avait plaisir à employer mes expressions, la « récré », les « compos » ou la « gym ». Il lui semblait normal que je la « reprenne » quand elle avait dit un « mot 5 de travers ». Elle ne me demandait plus si je voulais « faire collation », mais « goûter ». Elle m'emmenait voir à Rouen des monuments historiques et le musée, à Villequier les tombes de la famille Hugo. Toujours prête à admirer. Elle lisait les livres que je lisais, conseillés par le libraire. Mais parcourant aussi parfois *Le* 10 *Hérisson* oublié par un client et riant : « C'est bête et on le lit quand même ! » (En allant avec moi au musée, peut-être éprouvait-elle moins la satisfaction de regarder des vases égyptiens que la fierté de me pousser vers des connaissances et des goûts qu'elle savait être ceux des gens cultivés. Les gisants de la cathédrale, Dickens et 15 Daudet au lieu de *Confidences*, abandonné un jour, c'était, sans doute, davantage pour mon bonheur que pour le sien.)

Annie Ernaux, *Une femme*, Paris, Gallimard, 1987.

Annie Ernaux

Elle est née le 1ᵉʳ septembre 1940 à Villebonne, en Seine-Maritime. Elle passe son enfance et son adolescence à Yvetot, en Normandie où ses parents tiennent un café-épicerie. Elle est professeure agrégée de lettres modernes et vit à Cergy, dans une ville nouvelle, près de Paris. Ses romans parlent de l'histoire de sa famille, de ses rapports avec ses parents (*Les armoires vides*, 1974, *La place*, Prix Renaudot en 1984, *La honte* (1997), de la passion amoureuse (*Une passion simple*, 1992). Son œuvre se situe entre la littérature, l'Histoire et la sociologie. Elle met en récit, avec une grande justesse, la vie des gens des classes populaires. Son écriture, aux phrases simples, brèves, souvent dures, est volontairement dépouillée.

En 2001, elle a publié *Se perdre,* fragments de son journal intime et *L'occupation,* en 2002.

Pour mieux comprendre

A poursuivi (v. *poursuivre* au passé composé) : continuer.

La récré, les compos, la gym : diminutifs employés par les écoliers pour parler de la récréation, des compositions (écriture d'un texte à partir d'un sujet donné ; devoir sur table, fait à l'école), la gymnastique (le sport).

Reprenne (v. *reprendre* au présent du subjonctif) : corriger une faute.

Un mot de travers : un mot, une expression qui ne se dit pas chez les gens cultivés.

Faire collation : les gens cultivés disent « prendre une collation » ; prendre un **goûter**, un peu de nourriture et une boisson vers 4 ou 5 heures de l'après-midi.

Rouen : ville importante de Normandie dont la **cathédrale** est une des plus belles constructions religieuses d'art gothique de France. Son musée des Beaux-Arts est très important.

Villequier : petite ville de Normandie, au bord de la Seine. Le 4 septembre 1843, Léopoldine, la fille de Victor Hugo, et son mari se sont noyés à cet endroit.

Prêt(e) à : capable de, décidé(e) à…

Éprouvait (v. *éprouver* à l'imparfait) : ressentir.

Le Hérisson, Confidences : un journal et un magazine populaires que ne lisent pas les gens cultivés.

Un gisant : une statue de pierre qui représente un mort allongé.

Dickens : romancier anglais (1812-1870), auteur du célèbre *David Copperfield*.

Daudet : écrivain français (1840-1897), auteur de livres très connus (*Le Petit Chose, Les Lettres de mon moulin, Tartarin de Tarascon*) encore étudiés par les élèves français.

Découverte

1 Quel est le titre du livre dont est extrait ce passage ?

2 Lisez le chapeau (ce qui est au-dessus du texte, en italique) : de qui parle la narratrice ?

3 À votre avis, dans ce livre, Annie Ernaux va-t-elle plus parler des rapports mère/fille ou raconter l'histoire d'une personne qui est sa mère ? (Appuyez-vous sur les réponses 1 et 2).

4 Regardez le texte comme s'il était une image : comment est-il composé ? Quels signes de ponctuation apparaissent souvent ? L'écriture est-elle toujours la même ? Regardez les deux dernières phrases : quelle est leur particularité ?

5 Repérez les deux noms de lieu qui portent une majuscule. Où se trouvent ces endroits ?

Exploration

1 Lisez la première phrase : qui désire continuer à apprendre ? Qui va l'aider à réaliser ce désir ? Faites des hypothèses sur le contenu du passage.

2 Lisez tout le texte. Dites avec vos mots ce que vous avez compris. À votre avis, la mère est-elle allée à l'école longtemps ou pas très longtemps ? (Lisez la biographie de l'auteure).

3 « Le soir, à table… » ; « Elle m'emmenait… » : à quels lieux correspondent ces deux parties du texte ?

4 Dans les phrases 2, 3, 4, 5, la narratrice dit ce que fait sa mère, parle d'un sentiment qu'elle ressent, indique une attitude qu'elle prend puis un changement dans son comportement : retrouvez ces passages.

5 Ligne 1 à 5 : relevez les mots entre guillemets. Quels sont les mots de l'école et quels sont les mots de la mère ? Que représentent les mots de l'école pour la mère ? Qui est l'élève ?

6 À partir de « Elle m'emmenait… » : dans quels lieux précis la mère emmène-t-elle sa fille ? Que représentent ces lieux pour la société ? La mère a-t-elle l'habitude de les fréquenter ? À votre avis, pourquoi y emmène-t-elle sa fille ?

7 Les deux dernières phrases sont entre parenthèses : la narratrice arrête son récit pour réfléchir au comportement de sa mère qui abandonnait ses plaisirs habituels et qui était « fière » de lui faire découvrir ce qu'aiment les « gens cultivés ». Retrouvez le passage qui parle de l'amour de cette mère pour sa fille.

8 Aimez-vous la manière dont Annie Ernaux parle de sa mère ? Dites pourquoi. Lisez le texte d'Albert Cohen.

Zinzin la mer

Boris Gamaleya

Son œuvre poétique est l'une des plus importantes de la littérature contemporaine.

Il est né à Saint-Louis de la Réunion en 1930, d'une mère réunionnaise et d'un père russe ayant fui la révolution bolchevique. Il devient professeur d'histoire. Dix ans d'exil en banlieue parisienne sanctionnent ses activités politiques. Il publie son premier recueil de poésie, *Vali pour une reine morte* en 1973 puis *Bardzour Maskarin*, contes populaires créoles (1974), *La mer et la mémoire – Les langues du magma* (1978). Militant pendant longtemps au Parti communiste, il s'en éloigne en 1980 et se consacre à l'écriture.

Sa poésie chante les beautés de La Réunion, le combat des hommes pour leur dignité, l'amour qui palpite, même au cœur du malheur, dans un français qui accueille la pluralité linguistique de l'île : *Le Volcan à l'envers* (1983), *Piton la nuit* (1992), *Lady Sterne au Grand Sud* (1995). Plus poème que roman, « roème », *L'Île du Tsarévitch* (1997) est un hymne à la mémoire du père, disparu en 1932. Sa dernière œuvre, *L'Arche du Comte Orphée* paraîtra en 2004.

Zinzin la mer
la brise me l'a dit
une odeur de margose
a liané jusqu'en l'air

et zinzin la rivière   5
le magma me l'a dit
la terre tinte à peine
oiseau vert de cristal

mais moi
        pardonne cet éclat   10
je t'aime
        d'un amour super-sud
je t'aime
        d'un amour super-rêve
où l'or à notre flanc   15
        divinement ruisselle

    feu de la plus vive blessure

Boris Gamaleya, *Le Fanjan des Pensées, Zanaar parmi les coqs*,
Fondation Jean Albany/DRAC/ Conseil régional de La Réunion, 1987.

Les auteures remercient Boris Gamaleya pour l'aide qu'il leur a apportée.

Pour mieux comprendre

Le fanjan : Une grande fougère de l'île de La Réunion, une plante aux feuilles très découpées.

Zanaar : un dieu de Madagascar.

Zinzin : en créole, l'une des langues principales des Réunionnais : se toucher le nez ou se pincer la main pour dire : « je m'en moque, cela m'est égal. » ; en français : être un peu fou.

La brise : un vent léger.

margose (en créole : *margoz*). C'est une **liane**, une plante grimpante qui, dans les pays chauds, monte vers la lumière. Le margose a une odeur sauvage très forte.

Liané : verbe construit sur « liane ».

Le magma : la lave, la roche liquide et brûlante qui sort d'un volcan quand il est en activité. À La Réunion, le volcan s'appelle « Le Piton de la Fournaise ».

Tinter : faire entendre un bruit léger et clair.

Le cristal : une pierre transparente et dure (un peu comme de la glace). Lorsqu'on frappe légèrement le cristal, on entend un bruit léger et clair : gli-ng. Le mot est associé à **oiseau vert** dont le chant est pur et fragile.

Un éclat : une lumière très vive ; un morceau cassé ; parler d'une voix forte ; faire un scandale : dire ce que l'on ne devrait pas dire.

Le flanc : le côté du corps.

Ruisseler : couler.

Une blessure : une douleur morale ou une coupure qui fait mal.

Découverte

1 Cherchez sur une carte de géographie où se trouve l'Ile de La Réunion. Quel continent et quelles îles sont proches de La Réunion ?

2 Regardez le poème (ne tenez pas compte du titre) et dites comment il est composé. Que remarquez-vous au niveau de la ponctuation et au début des vers (lignes) ?

3 En bas à droite : relevez le(s) titre(s) du recueil d'où ce poème est extrait. Aidez-vous de « Pour mieux comprendre » : quels mots rappellent l'endroit où vit le poète ? Qu'est-ce qui est surprenant dans le deuxième titre ?

4 Lisez le poème. Que ressentez-vous : de la gaieté, de la tristesse, de la souffrance ?

Exploration

1 Les deux premières strophes (parties) : qui parle au poète et que lui dit-on ? Qu'est-ce que la nature a de particulier ici ?

....

2 Troisième strophe : à qui parle le poète ? Que dit-il ? Comment exprime-t-il la force de ses sentiments ? Pour vous, que signifie « sud » ?

....

3 Dans tout le texte, relevez les mots qui font penser à une couleur, à un bruit et à la chaleur. Quelles couleurs voyez-vous ? Les bruits sont-ils doux, forts, musicaux ? Comment imaginez-vous le paysage/le monde que chante le poète ?

....

4 Vers 3 : de quelle odeur s'agit-il ? Pour B. Gamaleya, cette odeur est plus qu'une odeur : au vers 4, quel mot exprime cette idée ? Comment ce mot est-il construit ? En transformant le mot initial, quelle image le poète a-t-il créée ?

....

5 Soulignez « magma », « or », « feu ». Qu'est-ce qui « ruisselle » ? Dans quelles conditions ce métal peut-il ruisseler ? Quelle idée rapproche ces trois mots ?

....

6 « divinement » peut rappeler un dieu, ce qui est parfait, ce qui donne une grande joie. On peut dire que le monde chanté par le poète est heureux. À votre avis, pourquoi termine-t-il son texte sur le mot « blessure » ? Qu'en pensez-vous ?

....

7 Dans ce poème, quels vers avez-vous le plus aimés ? À partir de ces vers, créez un poème pour chanter la personne ou le paysage que vous aimez.

....

Épilogue

Marie-Louise dite Marguerite Taos Amrouche (Tunis, 1913 – Saint-Michel-l'Observatoire, 1976) Elle est la première romancière algérienne de langue française. Taos est née dans une famille kabyle catholique qui a vécu en Algérie. En 1910, ses parents partent pour la Tunisie. Comme son frère Jean, elle a grandi dans la double culture berbère et française. Elle a passé sa vie à recueillir l'héritage traditionnel (paroles et musiques) que lui transmet sa mère. C'est Jean, son frère, le poète, qui traduit les *Chants berbères de Kabylie*. Elle devient cantatrice et interprète de la tradition berbère : *Le Grain magique* (1966), *Chants berbères de la meule et du berceau* (1975), elle connaît la célébrité et est saluée par Senghor, Césaire, l'Espagne, la France. Dans ses quatre romans : *Jacinthe noire* (1947), *Rue des Tambourins* (1960), *L'Amant imaginaire* (1975) et *Solitude ma mère* (publié en 1995), elle analyse sa souffrance, tente d'expliquer le déracinement, l'exil, la solitude, la vie entre deux cultures. Kateb Yacine, André Gide et Jean Giono appréciaient ses œuvres.

L a boucle est refermée. Voici le bilan :

Olivier ? Toujours aux Antilles, parle de revenir bientôt s'installer à Paris.

Adrien ? Je continue de fleurir tendrement sa mémoire et de lui demander protection à travers la mort.

Luc ? À jamais perdu pour moi (et pour lui-même aussi, ce qui est peut-être le plus douloureux).

Ortega ? Songe à se retirer dans un monastère, après avoir épuisé les vanités de la gloire et de l'amour. Je suis seule. Il est temps que je me charge de l'éducation de ma fille, mais sera-ce suffisant pour occuper mon cœur ?

L'amère réponse ? … La voici au bout de ma pioche : comme ma mère l'Afrique qui, depuis des millénaires, a été convoitée, violée par les invasions successives, mais se retrouve immuablement elle-même, comme elle je suis demeurée intacte, malgré mes tribulations. Car je la sens encore frémissante, en moi, l'ardente jeune fille, l'arbouse flamboyante que je fus à dix-huit ans.

Marguerite Taos Amrouche, *Solitude ma mère*, Paris, Gallimard, fonds Joëlle Losfeld, 1995.

Pour mieux comprendre

Un épilogue : une conclusion, la fin.
Une boucle : une courbe refermée, un cercle complet. On fait le tour de sa vie, un **bilan**.
Fleurir tendrement : mettre des fleurs avec tendresse sur une tombe en souvenir (**en mémoire**) de la personne morte.
Douloureux : triste, qui fait très mal.
Songer : penser.
Se retirer dans un monastère : quitter le monde pour rentrer dans un lieu où vivent seulement les religieux.
Epuisé les vanités : vivre jusqu'au bout toutes les choses qui n'ont pas de valeur.
Suffisant : assez, satisfaisant.
Amer/ère : dur(e), triste.
Une pioche : un outil qui permet de creuser la terre.

Un millénaire : mille ans.
Convoitée, violée : l'Afrique a été désirée, violée et attaquée avec violence.
Les invasions successives : les différentes occupations de l'Afrique par des pays étrangers, la colonisation.
Immuablement : qui ne change pas.
Demeurée intacte : rester la même, ne pas changer.
Des tribulations : des aventures plus ou moins désagréables.
Frémissant (e) : qui vit encore.
Ardent (e) : brûlant(e), passionné(e).
Une arbouse flamboyante : un fruit rouge (raisin) qui a la couleur du feu.
Fus : v. *être* au passé simple.

Découverte

1 Combien y a-t-il de paragraphes dans ce texte ?

2 Lisez le titre en haut du texte. En vous aidant de « Pour mieux comprendre », dites ce qu'il signifie. Dans quelle partie du livre est-on ?

3 Lisez et soulignez le premier mot des paragraphes 2/3/4/5 : quel est le signe de ponctuation utilisé ? À votre avis, qui peuvent être ces personnes ?

4 Quel est le titre du roman ? Comment le comprenez-vous ?

Exploration

1 Lisez le texte. Qui parle ? Relevez tous les mots qui vous permettent de répondre. De quel genre d'écrit est extrait ce passage ?

2 Premier paragraphe : comment comprenez-vous les deux phrases ? À quel moment (de sa vie) fait-on un bilan ?

3 Dernière phrase : soulignez les deux verbes conjugués. Quels moments de la vie indiquent-ils ? Comment la narratrice était-elle lorsqu'elle était jeune ?

4 Présentez les quatre hommes. Imaginez ce qui a pu se passer entre eux et la narratrice. Pour qui exprime-t-elle le plus de sentiments ?

5 Paragraphe 5 : Quelle phrase rappelle le titre du roman ? Donnez-vous une autre interprétation au titre ? Dans la phrase suivante, de quelle autre personne est-il question ? Que décide la narratrice et quelle question se pose-t-elle ? Que ressent-elle (inquiétude, peur, angoisse…) ?

6 Paragraphe 6 : quel mot accompagne « réponse » ? Quel est le sens de ce mot ? Retrouvez dans la suite les mots qui rappellent cette idée.

7 À qui la narratrice se compare-t-elle ? Comment appelle-t-elle ce continent ? Qu'a-t-il en commun avec elle ?

8 Que ressentez-vous à la lecture de ce texte : tristesse, joie… ? Expliquez vos sentiments. Quel autre titre donneriez-vous ?

Je ne fais
que passer

Miss-Tic

En 1985, les pochoirs de Miss-Tic apparaissent sur les murs de quartiers populaires de Paris, Ménilmontant, Belleville, et dans le Marais (3ᵉ, 4ᵉ arrondissements). La jeune femme, abandonnée par l'homme qu'elle aime, dessine son autoportrait, accompagné d'une phrase poétique et ironique qui dit son chagrin et sa révolte.

À la même époque, d'autres pochoiristes s'expriment sur les murs : Blek, le groupe Nice Art, Marie Rouffet. L'art de la rue est illégal et éphémère : la police arrête les artistes, les nettoyeurs effacent les dessins. Miss-Tic est née à Paris, dans une famille tunisienne. Ses parents meurent lorsqu'elle est adolescente. Après des années difficiles, elle est connue grâce à ses pochoirs. Aujourd'hui, les galeries d'art exposent ses œuvres mais elle revient toujours à la rue : pendant les élections présidentielles de 2002, elle crée sur les murs de Paris des pochoirs signés : Miss-Tic Présidente.

« 1997 » rue du Perche, IIIᵉ.
Miss-Tic, photographies de Jean-Marie Lerat,
Je ne fais que passer, Paris, éd. Florent-Massot, 1998.

Pour mieux comprendre

Mystique : qui croit aux mystères, à ce qui n'appartient pas au monde réel.

Un tic : un mouvement, une parole, répétés automatiquement, sans le vouloir.

Un pochoir : un dessin fait à partir d'une feuille de carton découpée.

Dépenser : utiliser de l'argent pour acheter un objet.

Un rêve : un désir ; ce que l'on aimerait vivre : l'amour, le bonheur…

Vivre aux crochets de : utiliser l'argent d'une personne pour pouvoir vivre.

Découverte

1 Que voyez-vous sur le document proposé ?

2 Sur quel support se trouve ce que vous voyez : une feuille de papier, un mur, une planche de bois ? Qui regarde ce qui est écrit et dessiné ?

3 Dans quel quartier de Paris sommes-nous ? Lisez la biographie puis consultez un plan de Paris.

4 Regardez le dessin : qui est représenté ? Décrivez ce personnage : ses cheveux sont-ils longs ou courts ? Sa bouche est-elle mince ou charnue ? Porte-t-il un tee-shirt ou un chemisier ? Comment est son regard ? Trouvez-vous ce personnage joli, laid, attirant, pas sympathique ?

5 Qui a signé le dessin et la phrase ? Que signifie chaque mot de la signature ? (Regardez « Pour mieux comprendre »). Quel mot de « Pour mieux comprendre » se prononce de la même manière ? Quel autre sens prend la signature ?

Exploration

1 Lisez la phrase. Qu'est-ce que l'artiste a fait ? Qu'est-ce que l'on dépense habituellement ? Comment vit-elle maintenant et pourquoi ? (Regardez « Pour mieux comprendre »).

....

2 « Maux » [mo] est le pluriel de mal. Quel autre sens prend la phrase écrite ?

....

3 Repérez le titre du livre. Qui est « Je » ? Que fait « je » ? Que font les hommes sur cette terre : restent-ils toujours ou sont-ils éphémères (qui restent un peu) ? Qu'est-ce qui est commun à l'art de la rue et aux hommes ?

....

4 Miss-Tic a publié un livre en 2003 : *Re Garde Moi*. Lisez le titre à haute voix. Écrivez la phrase trouvée. Enlevez le « re » : quelle autre phrase obtenez-vous ?

....

5 Lisez à haute voix cette phrase de Miss -Tic : *La Belle vit la belle vie à Belleville*. Sur quels mots et quelles sonorités joue l'artiste ? Quel quartier de Paris choisit-elle ? Quelle est la particularité de ce quartier ? Regardez la biographie puis un plan de Paris.

....

6 Voici d'autres écrits de Miss-Tic : *l'art mur; mots cœurs; des jours plus vieux; mots dits.* Reliez chaque groupe de mots à celui qui se prononce de la même manière : des jours pluvieux; l'armure; maudits; moqueur. Consultez un dictionnaire pour comprendre les jeux de mots.

....

7 À vous maintenant. Créez un pochoir :

– 1 Prenez une feuille de carton ou de plastique. – 2 Faites un dessin et/ou écrivez une courte phrase. – 3 Découpez ce que vous avez dessiné et écrit. – 4 Trouvez un support (mur, planche de bois, papier à dessin…). – 5 Fixez votre feuille découpée sur le support et emplissez le « vide » de peinture. – 6 Laissez sécher et retirez la feuille découpée : admirez votre pochoir.

Stupeur et tremblements

Amélie Nothomb

Elle est née à Kobé, au Japon, en 1967, dans une illustre famille bruxelloise. Elle est la fille d'un ambassadeur belge. Son enfance et son adolescence passées au Japon et en Chine l'ont beaucoup marquée. Parlant couramment japonais, elle retourne vers 18 ans en Extrême-Orient où elle travaille un an dans une entreprise nippone. À partir de cette expérience, elle écrit *Stupeur et Tremblements* qui reçoit le Grand Prix de l'Académie française en 1999. Après des études gréco-latines, elle décide de vivre de sa plume et publie à 22 ans son premier roman, *Hygiène de l'assassin*, révélation littéraire de l'année. Depuis, le succès ne la quitte plus, elle sort un roman par an : *Le Sabotage amoureux* (1993), *Les Combustibles* (1994), *Les Catilinaires* (1995), *Péplum* (1996), *Attentat* (1997), *Mercure* (1998) et se présente comme « une graphomane malade de l'écriture ». Son dernier roman, *Antéchrista* (2003), est en tête des meilleures ventes de livres. Actuellement, elle vit à Bruxelles.

– **M**ademoiselle Mori ?

– Appelez-moi Fubuki.

Je n'écoutais plus ce qu'elle me disait. Mademoiselle Mori mesurait au moins un mètre quatre-vingts, taille que peu d'hommes japonais atteignent. Elle était svelte et gracieuse à ravir, malgré la raideur 5 nippone à laquelle elle devait sacrifier. Mais ce qui me pétrifiait, c'était la splendeur de son visage.

Elle me parlait, j'entendais le son de sa voix douce et pleine d'intelligence. Elle me montrait des dossiers, m'expliquait de quoi il s'agissait, elle souriait. Je ne m'apercevais pas que je ne l'écoutais pas. 10

Ensuite, elle m'invita à lire les documents qu'elle avait préparés sur mon bureau qui faisait face au sien. Elle s'assit et commença à travailler. Je feuilletai docilement les paperasses qu'elle m'avait données à méditer. Il s'agissait de règlements, d'énumérations.

Deux mètres devant moi, le spectacle de son visage était captivant. 15 (…)

Amélie Nothomb, *Stupeur et tremblements*, Paris, Éditions Albin Michel, 1999.

Pour mieux comprendre

Une stupeur : une immobilité causée par un grand étonnement.

Un tremblement : des mouvements répétés du corps causés par une grande émotion.

La taille : la hauteur d'un corps.

Atteignent (v. *atteindre*) : arriver à…

Svelte : qui a un corps mince et élégant.

À ravir : à merveille, admirablement.

La raideur : la rigidité.

Nippon(e) : japonais(e).

Sacrifier : obéir, servir.

Ce qui me pétrifiait (v. *pétrifier* à l'imparfait) : elle est immobilisée par une émotion violente.

La splendeur : une très grande beauté.

De quoi il s'agissait : quel était le sujet, le thème des documents (**des dossiers**).

M'apercevais (v. *s'apercevoir* à l'imparfait) : voir, se rendre compte.

Je feuilletai docilement (v. *feuilleter* au passé simple) : tourner les pages d'un document avec obéissance (v. *obéir*).

Les paperasses : des papiers, des documents inutiles, peu importants.

Méditer : réfléchir, penser profondément.

Une énumération : une liste.

Captivant : passionnant.

Découverte

1 Lisez la biographie d'Amélie Nothomb. Quelle est sa nationalité ? Où a-t-elle passé son enfance et son adolescence ?

2 Quel est le titre du livre d'où ce passage est extrait ? À l'aide de la biographie, dites quel est le genre littéraire du livre. Où l'histoire se passe-t-elle précisément ?

3 Lisez le texte. Qui sont les deux personnages ? Racontez ce que vous avez compris.

Exploration

1 Relisez attentivement l'extrait. Soulignez tous les mots et expressions qui caractérisent Mademoiselle Mori puis faites son portrait.

....

2 Retrouvez la phrase qui montre que ce n'est pas habituel de rencontrer ce type de femme dans ce pays. Reformulez cette phrase avec vos mots.

....

3 Faites des hypothèses sur le métier de « Mademoiselle Mori » et sur son niveau professionnel par rapport à la narratrice (la personne qui raconte l'histoire). Justifiez votre réponse.

....

4 Expliquez pourquoi la narratrice dit : « Je n'écoutais plus ce qu'elle disait », « Je ne m'apercevais pas que je ne l'écoutais pas ». Cherchez le verbe qui montre sa grande émotion.

....

5 Quel type de travail est proposé à la narratrice ? Est-elle ou non intéressée par ce travail ? Soulignez la phrase qui l'indique.

....

6 Habituellement, que regarde-t-on comme « spectacle » ? Dans le texte, quel « spectacle » regarde la narratrice ? Comment est-il qualifié ? Sur quoi l'auteur veut-il insister en choisissant cet adjectif ?

....

7 À l'aide de « Pour mieux comprendre », expliquez le titre de ce roman. Correspond-il à l'attitude de la narratrice ? Dites pourquoi.

....

8 Qu'est-ce que vous trouvez de « captivant » dans le physique d'une personne ? Présentez-la en insistant sur le détail choisi.

....

Allah n'est pas obligé

Ahmadou Kourouma

Il est considéré comme un écrivain majeur du continent africain. Il est né à Boundiali en pays malinké (Côte-d'Ivoire) en 1927. À 7 ans, il va à l'école française grâce à son oncle, haut fonctionnaire de l'administration coloniale. Il fait des études de mathématiques à Bamako, au Mali, puis travaille au Togo et en France. De 1950 à 1954, il est tirailleur en Indochine. Ses œuvres : *Les Soleils des indépendances* (1976), *Monnè, outrages et défis* (1990), *Le Diseur de vérité* (1998), *En attendant le vote des bêtes sauvages* (1999, Prix du livre Inter), parlent de l'histoire coloniale avec humour et esprit critique. *Allah n'est pas obligé* (2000, prix Renaudot et prix Goncourt des lycéens), raconte l'histoire d'un enfant soldat, sans parents, qui erre en Afrique de l'Ouest, détruite par les guerres. En 2000, il reçoit le Grand prix Jean Giono pour l'ensemble de son œuvre. Il meurt le 11 décembre 2003 à Lyon.

Birahima est un enfant de douze ans qui n'a plus ses parents.

Avant de débarquer au Liberia, j'étais un enfant sans peur ni reproche. Je dormais partout, chapardais tout et partout pour manger. Grand-mère me cherchait des jours et des jours : c'est ce qu'on appelle un enfant de la rue. J'étais un enfant de la rue. Avant d'être un enfant de la rue, j'étais à l'école. Avant ça, ₅ j'étais un bilakoro au village de Togobala. (Bilakoro signifie, d'après l'Inventaire des particularités lexicales, garçon non circoncis.) Je courais dans les rigoles, j'allais aux champs, je chassais les souris et les oiseaux dans la brousse. Un vrai enfant nègre noir africain broussard. Avant tout ça, j'étais un gosse dans la case avec maman. Le ₁₀ gosse, il courait entre la case de maman et la case de grand-mère. Avant tout ça, j'ai marché à quatre pattes dans la case de maman. Avant de marcher à quatre pattes, j'étais dans le ventre de ma mère. Avant ça, j'étais peut-être dans le vent, peut-être un serpent, peut-être dans l'eau. On est toujours quelque chose comme serpent, ₁₅ arbre, bétail ou homme ou femme avant d'entrer dans le ventre de sa maman. On appelle ça la vie avant la vie. (…)

Ahmadou Kourouma : *Allah n'est pas obligé*, Paris, Seuil, 2000.

Pour mieux comprendre

Allah : c'est le nom de Dieu chez les musulmans.

Débarquer : arriver.

Sans peur ni reproche : expression figée qui signifie n'avoir peur de rien et être parfait.

Partout : dans tous les endroits possibles.

Chapardais (v. *chaparder* à l'imparfait) : voler, prendre une chose qui ne nous appartient pas.

L'Inventaire des particularités lexicales : c'est un dictionnaire du français d'Afrique noire.

Circoncire : les Juifs et les Musulmans coupent le prépuce aux petits garçons.

Une rigole : un peu d'eau qui coule par terre ; un ruisseau.

Chasser : chercher des animaux pour les tuer.

Une souris : un petit animal gris chassé par le chat.

Une case : une petite habitation traditionnelle des pays chauds comme en Afrique.

La brousse : étendue de petits arbres et de petites plantes ; espace non cultivé ; adjectif **broussard**.

Nègre : de couleur noire.

Un gosse : un petit garçon.

Un serpent : un reptile parfois dangereux, qui se déplace sur le sol.

Du bétail : des animaux.

Découverte

1 Lisez le chapeau (ce qui est écrit au-dessus du texte, en italique) : présentez le personnage.

2 En bas à droite : le titre n'est pas fini : imaginez une suite possible.

3 Dans la première ligne, repérez le nom d'un pays. Dans quel continent se trouve-t-il ?

4 Lisez le texte. Qui raconte ? De quel genre littéraire s'agit-il ?

Exploration

1 Soulignez les groupes de mots qui commencent par « avant ». Combien y en a-t-il ? Avant chaque période de sa vie, comment se présente le narrateur ? Quel est le verbe le plus répété ?

2 Dans la première période, quelle expression le narrateur utilise-t-il pour parler de lui ? Que signifie-t-elle ? (aidez-vous de « Pour mieux comprendre »). Dans la phrase suivante, quelle action s'oppose à l'image qu'il a de lui ? Pourquoi fait-il cela ? Comment jugez-vous cette action ?

3 Repérez le passage sur la grand-mère : que fait-elle ? Pourquoi ? Soulignez le groupe de mots répété trois fois. Où vivait l'enfant à cette période ? À votre avis, pourquoi est-il passé de l'école à la rue ?

4 Qu'était l'enfant au village de Togobala ? Pourquoi Kourouma donne-t-il la définition de ce mot ? Qu'est-ce que l'auteur ajoute à langue française en utilisant ce lexique ?

5 Dans les périodes 4-5-6, à quels moments de la vie se présente l'enfant ? Justifiez votre réponse en relevant des passages du texte.

6 Dernière période : où le narrateur était-il « peut-être » avant de naître ? Pour lui, qu'est-ce qu'« on est toujours » ? Que peut être un être humain avant de venir sur terre ? Dans votre culture, a-t-on la même manière de voir la vie ?

7 Dans quel ordre le narrateur présente-t-il les différentes périodes de son enfance ? Est-ce une façon habituelle d'écrire une autobiographie ?

8 Relisez le texte. Retrouvez la phrase sans verbe. Quels sont les trois adjectifs qui ont le même sens ? À la manière de Kourouma, présentez-vous par écrit en commençant par « Je suis un vrai enfant… » et ajoutez des périodes de votre enfance.

Terrasse à Rome

CHAPITRE PREMIER

Meaume leur dit : « Je suis né l'année 1617 à Paris. J'ai été apprenti chez Follin à Paris. Chez Rhuys le Réformé dans la cité de Toulouse. Chez Heemkers à Bruges. Après Bruges, j'ai vécu seul. À Bruges j'aimais une femme et mon visage fut entièrement brûlé. Pendant deux ans j'ai caché un visage hideux dans la falaise qui est ⁵ au-dessus de Ravello en Italie. Les hommes désespérés vivent dans des angles. Tous les hommes amoureux vivent dans des angles. Tous les lecteurs des livres vivent dans des angles. Les hommes désespérés vivent accrochés dans l'espace à la manière des figures qui sont peintes sur les murs, ne respirant pas, sans parler, n'écou- ¹⁰ tant personne. La falaise qui domine le golfe de Salerne était un mur qui donnait sur la mer. Je n'ai jamais plus trouvé de joie auprès d'autres femmes qu'elle. Ce n'est pas cette joie qui me manque. C'est elle. (…) ».

Pascal Quignard, *Terrasse à Rome*, Paris, Gallimard, 2000.

Pascal Quignard

Il est né en 1948 à Verneuil-sur-Avre. Il a fait des études de philosophie. On connaît plus ses écrits que sa vie personnelle car il parle peu de lui. Ses œuvres s'inspirent de la musique, de la Chine ancienne, de l'antiquité romaine et du XVIIe siècle français. Il publie des écrits intimistes : *Les Mots de terre, de la peur et du sol* (1978), *Sur le bout de la langue* (1993) et des romans : *Le Salon de Wurtemberg* (1986), *Tous les matins du monde* (1991), adapté au cinéma, *Vie secrète* (1998), *Terrasse à Rome*. Il est aussi critique d'art, *Georges de la Tour* (1991) et essayiste. En 2002, il reçoit le prix Goncourt pour *Les Ombres errantes*. Dans ses œuvres, Pascal Quignard réfléchit sur l'écriture, la littérature, la relation entre un auteur et un lecteur. Pour lui, le livre est une protection contre l'oubli et la mort.

Pour mieux comprendre

Leur : on ne sait pas à qui parle Meaume le graveur.

Un apprenti : une personne qui apprend un métier avec un maître ; un élève.

Follin, Rhuys le Réformé, Heemkers : ce sont des graveurs, les maîtres de Meaume.

Ai vécu : v. *vivre* au passé composé.

Fut brûlé : v. *brûler* au passé simple, à la forme passive : on a mis du feu à son visage.

J'ai caché : je n'ai pas montré.

Hideux : qui n'est pas beau ; horrible.

Une falaise : un très grand rocher au-dessus de la mer : il **domine** la mer.

Désespéré (e) : malheureux, sans espoir.

Un angle : une figure géométrique formée par deux lignes qui se coupent ; un coin ; un petit endroit où il n'y a personne, et où l'on ne peut pas être vu.

Accroché : suspendu, rester dans l'air (dans l'**espace**).

À la manière de : comme.

Un golfe : une partie de la mer qui s'avance dans la terre.

Manquer : ressentir un vide quand quelque chose ou quelqu'un n'est pas présent.

Découverte

1 Quel est le titre du livre d'où est extrait ce passage ? Quels sont les lieux indiqués ?

2 Quelle partie du livre vous est proposée ? Qu'est-ce qu'on y trouve en général ?

3 Lisez les trois premiers mots : comment s'appelle le personnage ? En vous aidant de « Pour mieux comprendre », dites à qui il parle.

4 Lisez tout le texte et dites ce que vous avez compris.

Exploration

1 Où et quand Meaume est-il né ?

....

2 Chez qui a-t-il appris son métier ? Regardez « Pour mieux comprendre » : quel est ce métier ? Dans quelles villes l'a-t-il appris ?

....

3 Phrase 6 : qui a-t-il rencontré à Bruges ? Que s'est-il passé ? À votre avis, pourquoi ? Faites des hypothèses.

....

4 Où est-il parti après cet événement ? Précisez l'endroit. Qu'a-t-il fait et pendant combien de temps ? Pour quelle raison fait-il cela ?

....

5 Par quel groupe de mots se terminent les trois phrases suivantes ? Quels sont les différents sens du dernier mot ? (aidez-vous « Pour mieux comprendre »). À votre avis, pourquoi l'auteur a-t-il choisi ce mot ?

....

6 Qui sont les personnes qui vivent dans ces endroits ? Quel est leur point commun ?

....

7 Soulignez la phrase « Les hommes désespérés... personne. » : entourez « à la manière ». À quoi les hommes désespérés sont-ils comparés ? Pour l'auteur, ces hommes sont-ils morts ou sont-ils vivants ? Retrouvez dans la phrase les mots qui justifient votre réponse.

....

8 Qui manque à Meaume ? Qui est cette personne ? Dites ce que Meaume a perdu en plus. Fait-il partie des « hommes désespérés » ? Pourquoi ?

....

9 À votre avis, qui est la femme de Bruges ? Meaume la reverra-t-il ? Seront-ils à nouveau ensemble ?

....

Les trois versions de la vie

HENRI
SONIA
HUBERT FINIDORI
INÈS FINIDORI
(entre 40 et 50 ans)

1.

Soir.
Un salon.
Le plus abstrait possible. Ni murs ni portes ; comme à ciel ouvert.
Ce qui compte, c'est l'idée du salon.

Sonia est assise, en robe de chambre. Elle lit un dossier.   5
Henri apparaît.

HENRI. Il veut un gâteau.
SONIA. Il vient de se laver les dents.
HENRI. Il réclame un gâteau.
SONIA. Il sait très bien qu'il n'y a pas de gâteau au lit.   10
HENRI. Va lui dire.
SONIA. Pourquoi tu ne lui as pas dit ?
HENRI. Parce que j'ignore qu'il n'y a pas de gâteau au lit.
SONIA. Comment tu ignores qu'il n'y a pas de gâteau au lit ? Il n'y a
jamais eu de gâteau, il n'y a jamais eu de sucré au lit.   15

Elle sort.
Un temps.
L'enfant pleure. Elle revient.

> Yasmina Reza, *Trois versions de la vie*, Paris, Albin Michel, 2000.
> Créé le 7 novembre 2000 au théâtre Antoine, à Paris.

Yasmina Reza

Auteure de pièces de théâtre, de romans, de scénarios, actrice, Yasmina Reza est actuellement une créatrice très célèbre dont les œuvres sont traduites dans le monde entier.

Elle est née à Paris, en 1964, dans une famille aisée, artiste et ouverte sur les autres. Son père, mi-russe, mi-iranien, est homme d'affaires et sa mère, hongroise, est violoncelliste.

À 16 ans, Yasmina Reza est reçue au Baccalauréat puis fait des études de sociologie et de théâtre. En 1987, la pièce de théâtre *Conversations après un enterrement* est jouée à Paris puis *Art* en 1994 connaît un succès mondial. L'œuvre, traduite en 35 langues, reçoit le prix Molière du meilleur spectacle en France et le prestigieux Tony Award à New York. Elle écrit ensuite deux romans : *Une désolation* (1999) et *Adam Hadeberg* (2003), une pièce de théâtre *L'homme du hasard* (1995), le scénario du film *Le pique-nique de Lulu Kreutz*, sorti en 2000.

Avec les mots du quotidien, Y. Reza parle de la solitude, de la fragilité et des contradictions des êtres humains.

Pour mieux comprendre

Une version : c'est le fait de raconter un même événement d'une manière différente, avec un autre point de vue.

Abstrait : c'est le contraire de concret. C'est l'idée de quelque chose ; ici, c'est l'idée du salon, sans caractéristiques précises.

Comme à ciel ouvert : comme s'il n'y avait pas de plafond, pas de toit.

Apparaît : (v. *apparaître*) : dans le texte, arriver.

Une robe de chambre : un vêtement long ou mi-long (une robe) que l'on porte avant d'aller se coucher.

Réclame (v. *réclamer*) : vouloir, désirer quelque chose avec beaucoup de force. Demander avec insistance, exiger.

Ignores (v. *ignorer*) : ne pas savoir.

Découverte

1 Regardez le texte sans le lire. Quel genre d'écrit est proposé ?

2 Quelle partie de l'œuvre allez-vous découvrir ?

3 Lisez les indications en bas du passage, à droite. De quelle œuvre est-il extrait ? Comment comprenez-vous le titre ?

4 Relevez le nom et l'âge des personnages. Sont-ils tous présents dans cet extrait ?

5 Lisez la dernière ligne. De quel autre personnage est-il question ? Que fait-il ?

Exploration

1 Lisez tout le passage. Repérez où et quand se passe l'histoire et ce que font Sonia et Henri.

2 Le lieu : par quel adjectif est-il décrit ? Soulignez les mots qui complètent sa description. Comment imaginez-vous un tel endroit ?

3 En présentant le lieu de cette manière, l'auteure veut-elle dire : que le lieu n'a pas d'importance ? que le nom de ce lieu permet de situer les personnages : milieu bourgeois, aisé…

4 Les quatre premières répliques : qui est « il » ? Ce personnage est-il présent dans le salon ? Quelle différence faites-vous entre « Il veut… » et « Il réclame… » ? Quels renseignements nous apportent ces verbes sur l'attitude du personnage ?

5 Soulignez les deux premières répliques (réponses) de Sonia. Répond-elle vraiment à Henri ? Pour elle, la demande de l'enfant est-elle acceptable ? Que pensez-vous de ce qu'elle dit ?

6 À partir de la cinquième réplique : pourquoi Henri n'a-t-il rien dit à l'enfant ? Dans cette situation, sa réponse est-elle celle que vous attendiez ? Expliquez votre point de vue.

7 Comparez la réplique de Sonia (« Comment… ») à celle d'Henri (relevez ce qui est repris, ce qui est ajouté, la différence de ponctuation). À votre avis, de quelle manière parle-t-elle : étonnée, agacée (énervée), indifférente, drôle, agressive ?

8 Que montre l'auteure : un manque de communication dans le couple, une absence de tendresse, deux solitudes qui ont besoin d'une troisième personne, l'enfant, pour se parler ?

9 Jouez cette scène en imaginant le décor et en choisissant une attitude dominante pour chaque personnage : agressivité, énervement, humour, indifférence… (N'oubliez pas l'enfant !)

Balzac et la petite tailleuse chinoise

Dai Sijie

Il est né en 1954, en Chine, dans la province de Fujian. Fils d'un médecin, il est considéré comme « ennemi du peuple », et est envoyé pendant trois ans en « rééducation » dans le Sichuan. En 1976, il peut aller à l'université où il suit des cours d'histoire de l'art. En 1984, titulaire d'une bourse pour la France, où il s'installe définitivement, il entre à l'Institut des Hautes Études Cinématographique, puis devient cinéaste. Son premier film, *Chine, ma douleur*, obtient le Prix Jean Vigo en 1989 ; suivent *Le Mangeur de lune* (1994), *Tang le Onzième* (1998), *Les Filles du botaniste chinois* (2002).

Balzac et la petite tailleuse chinoise, premier roman semi-autobiographique écrit en français, rencontre un immense succès. Il est traduit en vingt-cinq langues et couronné par deux Prix littéraires. L'auteur l'a adapté pour le cinéma en 2001 et l'a réalisé en Chine. *Le Complexe de Di* reçoit le Prix Fémina en 2003. « L'amour pour la France, pour la langue française, pour la littérature française fait partie de ma vie » dit Dai Sijie.

En 1971, deux lycéens, Ma et Luo (17-18 ans), ont été envoyés dans un village perdu d'une montagne du Sichuan, province chinoise, à la frontière du Tibet. Cette nuit-là, ils entrent dans une maison en forçant la porte.

Nous nous approchâmes de la valise. Elle était ficelée par une grosse corde de paille tressée, nouée en croix. Nous la débarrassâmes de ses liens, et l'ouvrîmes silencieusement. À l'intérieur, des piles de livres s'illuminèrent sous notre torche électrique ; les grands écrivains occidentaux nous accueillirent à bras ⁵ ouverts : à leur tête, se tenait notre vieil ami Balzac, avec cinq ou six romans, suivi de Victor Hugo, Stendhal, Dumas, Flaubert, Baudelaire, Romain Rolland, Rousseau, Tolstoï, Gogol, Dostoïevski, et quelques anglais : Dickens, Kipling, Emily Brontë…

Quel éblouissement ! J'avais l'impression de m'évanouir dans les ¹⁰ brumes de l'ivresse. Je sortis les romans un par un de la valise, les ouvris, contemplai les portraits des auteurs, et les passai à Luo. De les toucher du bout des doigts, il me semblait que mes mains, devenues pâles, étaient en contact avec des vies humaines.

– Ça me rappelle la scène d'un film, me dit Luo, quand les ¹⁵ bandits ouvrent une valise pleine de billets…

– Tu sens les larmes de joie monter en toi ?

- Non. Je ne ressens que de la haine.

– Moi aussi. Je hais tous ceux qui nous ont interdit ces livres.

Dai Sijie, *Balzac et la petite tailleuse chinoise*, Paris, Gallimard, 2000.

Pour mieux comprendre

Les verbes au passé simple expriment une action passée, qui ne se reproduira plus et qui se détache des actions à l'imparfait : **approchâmes**, approcher ; **débarrassâmes**, débarrasser, (enlever) ; **ouvrîmes, ouvris**, ouvrir ; **s'illuminèrent**, s'illuminer (briller très fort) ; **accueillirent**, accueillir (voir, recevoir une personne avec joie) ; **sortis**, sortir ; **contemplai**, contempler (regarder avec amour et admiration) ; **passai**, passer ; **dit**, dire.

Ficelé(e) : attaché(e), fermé(e), **noué(e)** avec une ficelle, **une corde, un lien**.

Une pile : les livres sont les uns au-dessus des autres.

À leur tête : en premier.

Un éblouissement : l'impression de ne plus voir car la lumière est trop forte.

S'évanouir : perdre conscience.

Les brumes de l'ivresse : quand on a bu trop d'alcool, on ne voit plus très bien.

Pâle : très blanc.

Un bandit : une personne qui fait un acte contre la loi, qui vole ce qui ne lui appartient pas.

La haine : le contraire de l'amour ; détester avec violence ; haïr (**Je hais**).

Interdit : ce qui n'est pas permis, ce qu'il ne faut pas faire.

Un(e) tailleur(se) : une personne qui coupe du tissu pour en faire des vêtements.

Découverte

1 Lisez le chapeau (ce qui est au-dessus du texte, en italique). Quand et où se passe l'histoire ? Comment est le lieu ? Qui sont les deux personnages ?

2 Toujours dans le chapeau : que font les personnages cette nuit-là ? Faites des hypothèses sur l'histoire qui va être racontée.

3 Qui est l'auteur du roman d'où ce passage est extrait ? Où est-il né ? (regardez la biographie). Le roman a-t-il été écrit en français ou dans une autre langue ?

4 Regardez le texte : comment est-il composé ?

Exploration

1 Lisez les trois premières phrases. Quel est le premier objet nommé ? Quelle est la particularité de cet objet ? Que font les personnages et comment ? À votre avis, que cherchent-ils ?

....

2 Lisez le texte jusqu'à la fin du deuxième paragraphe. Qu'est-ce qu'il y a à l'intérieur de l'objet ? Quel groupe de mots donne des précisions sur ce que Ma et Luo ont trouvé ?

....

3 Relevez tous les noms propres. Connaissez-vous ces auteurs ? Lesquels ? Certains écrivains français sont présents dans ce manuel. Cherchez-les. Parmi tous les écrivains découverts, quel est le genre littéraire et le siècle le plus représenté ?

....

4 Dans le paragraphe 1, retrouvez des expressions qui parlent des livres comme s'ils étaient vivants.

....

5 Par quelle ponctuation commence le deuxième paragraphe ? Que signifie-t-elle ? Que fait Ma et que ressent-il ? Quelles idées présentes dans le premier paragraphe sont reprises ici (aidez-vous de la question 4) ? Que représente la littérature pour le lycéen ?

....

6 Lisez le dialogue. Que se rappelle Luo quand ils ouvrent cet objet ? Qu'est-ce qui est drôle et émouvant dans sa phrase ?

....

7 De quels sentiments opposés parlent Ma et Luo ? Quel est leur sentiment commun ? Pour quelle raison éprouvent-ils ce sentiment ? Et vous, que ressentiriez-vous à leur place ?

....

8 Quel est le titre de ce livre ? Qu'est-ce qui est étrange dans ce titre ? Imaginez des titres surprenants comme celui de Dai Sijie.

La grammaire
est une chanson douce I

Érik Orsenna

(Paris, 1947)
Né dans une famille bourgeoise aux origines française, luxembourgeoise et cubaine, il étudie les sciences politiques et obtient un doctorat à la London School of Economics. Après un premier roman, *Loyola's blues* en 1974, il reçoit le prix Roger Nimier pour *La Vie comme à Lausanne* en 1977. Écrivain aux différents métiers, il est d'abord enseignant d'université, puis conseiller culturel du Président François Mitterrand (1983), conseiller d'État (1986) et chargé des relations entre l'Afrique et le Maghreb (1990). Le prix Goncourt pour *L'Exposition coloniale* lui est décerné en 1988. Il participe au scénario du film *Indochine* de Régis Wargnier (1993) et est élu à l'Académie française au fauteuil du Commandant Cousteau en 1998. Il publie *Portrait d'un homme heureux* (2000) consacré à Le Nôtre, jardinier de Versailles et *La grammaire est une chanson douce* (2001), conte moderne sur la grammaire et le plaisir des mots, qui sont deux succès. Son dernier roman, *Madame Bâ* (2003), se passe en Afrique.

Erik Orsenna
de l'Académie française
La grammaire
est une chanson douce

Découverte

1 Qu'est-ce qui vous donne envie de lire le livre d'un auteur que vous ne connaissez pas ? (le titre, la couverture, le résumé de l'histoire, la publicité, les articles, les interviews dans la presse…).

2 Quel document vous est présenté ?

3 Comment s'appelle l'auteur ? De quelle institution fait-il partie ? À votre avis, quel type de livres écrit-il ?

4 Lisez sa biographie. Quelles sont ses autres métiers ? Est-ce que cela correspond à l'image que vous avez d'un écrivain de cette institution ?

5 Dans quelle édition est publié ce livre ? Cette édition vous semble-t-elle chère ou bon marché ?

Exploration

1 Lisez le titre. Quels sont les mots qui s'opposent ? À quoi pensez-vous quand vous entendez le mot « grammaire » ? Dans deux colonnes, écrivez les mots qui vous font penser à la grammaire et ceux qui vous font penser à une chanson (travaillez en groupe).

....

2 Quelle précision l'adjectif « douce » apporte-t-il au mot « chanson » ? Comment trouvez-vous ce titre : vous plaît-il ? vous fait-il rêver ? est-il stupide, surréaliste, bizarre… ?

....

3 Maintenant, regardez attentivement l'illustration. Décrivez ce que vous voyez : le(s) lieu(x), les personnages… Que font les personnages ? Que s'est-il passé avant ?

....

4 Quels sont les éléments de l'illustration qui font penser à la grammaire et ceux qui font penser à une chanson douce ?

....

5 Où sont les lettres ? Selon vous, que font-elles ? Qu'est-ce que le dessinateur a voulu exprimer ?

....

6 Relevez toutes les lettres et essayez de créer des mots.

....

7 Cette couverture vous plaît-elle ? Expliquez pourquoi. Quel rapport faites-vous avec le titre ? Selon vous, quel est le thème du livre ?

....

8 Imaginez l'histoire des personnages.

La grammaire
est une chanson douce 2

Erik Orsenna
**La grammaire
est une chanson douce**

« **E**lle était là, immobile sur son lit, la petite phrase bien connue, trop connue : Je t'aime.

Trois mots maigres et pâles, si pâles. Les sept lettres ressortaient à peine sur la blancheur des draps.

Il me sembla qu'elle nous souriait, la petite phrase.

Il me sembla qu'elle nous parlait :

– Je suis un peu fatiguée. Il paraît que j'ai trop travaillé. Il faut que je me repose.

– Allons, allons, Je t'aime, lui répondit Monsieur Henri, je te connais. Depuis le temps que tu existes. Tu es solide. Quelques jours de repos et tu seras sur pied.

Monsieur Henri était aussi bouleversé que moi.

Tout le monde dit et répète " Je t'aime ". Il faut faire attention aux mots. Ne pas les répéter à tout bout de champ. Ni les employer à tort et à travers, les uns pour les autres, en racontant des mensonges. Autrement, les mots s'usent. Et parfois, il est trop tard pour les sauver. »

Texte intégral

Couverture : d'après l'illustration de Bigre !

www.livredepoche.com

31/4910/1

5,00 €
PRIX FRANCE TC **32,80** FF

Pour mieux comprendre

Maigre : qui n'est pas gros, squelettique.

Pâle : blanc comme la mort, malade.

Ressortaient à peine (v. _ressortir_ à l'imparfait) : qui étaient difficiles à voir.

Un drap : un tissu que l'on met dans un lit.

Il me sembla (v. _sembler_ au passé simple) : croire, penser.

Il paraît : on pense que…

Se reposer : arrêter de travailler, dormir ;
  le repos : une pause, des vacances.

Solide : fort.

Être sur pied : être debout, être guéri après avoir été malade.

Bouleversé : qui ressent une grande émotion.

À tout bout de champ : tout le temps, toujours.

Employer à tort et à travers : utiliser les mots sans faire attention, parler sans réfléchir.

Un mensonge : ce qui est faux, ce qui n'est pas vrai.

Autrement : dans le cas contraire, sinon.

S'usent : (v. _s'user_) : devenir vieux, se fatiguer.

Sauver : garder en vie, guérir.

Découverte

1 Observez la page. Comment s'appelle ce type de document ? Quelles informations avez-vous déjà lues sur la couverture de la page précédente ? Quelles sont les nouvelles informations ? À quoi correspondent-elles ? (Travaillez par deux).

2 Le prix indiqué correspond-il à votre hypothèse faite à la question 5 en « Découverte » du document précédent ?

3 Habituellement, ce document présente quel type de texte : un résumé de l'histoire ? un passage du livre ? une présentation de l'auteur ?...

4 Quels signes de ponctuation commencent et terminent le texte ? Pour vous, qu'est-ce qu'ils signifient ?

5 Lisez le texte. Vérifiez vos hypothèses sur la signification des signes de ponctuation. Qui a écrit ce texte ? (Reportez-vous à la question 3).

Exploration

1 Relisez le texte. À la première phrase, précisez qui est « Elle ». Où se trouve-t-« Elle » ? Comment est-« Elle » ?

....

2 À quoi correspondent les « trois mots » et « les sept lettres » ? Dans quel état sont-ils (elles) ? Aidez-vous de « Pour mieux comprendre ».

....

3 Relisez le passage de : « Il me sembla… » à « je me repose. » Qui parle ? Cette situation vous semble-t-elle réaliste ? Justifiez votre réponse.

....

4 Soulignez les mots et expressions qui parlent de la maladie.

5 Cherchez dans le texte les personnes qui représentent « nous ». Pourquoi sont-elles « bouleversées » ?

....

6 Relisez le dernier paragraphe. Qu'est-ce que « Tout le monde » dit ? Quelle différence (d'écriture, de personnage…) faites-vous entre le *Je t'aime* de la première partie et le « Je t'aime » du dernier paragraphe ?

....

7 Pour l'auteur, qu'est-ce qu'il faut faire et ne pas faire avec les mots ? Que se passe-t-il si nous n'utilisons pas bien les mots ? Qu'en pensez-vous ? Maintenant, comment comprenez-vous le titre « La grammaire est une chanson douce » ?

....

8 Choisissez un livre de la littérature de votre pays et réalisez une 4ᵉ de couverture : imaginez un court résumé de l'histoire et présentez l'auteur en quelques phrases.

Monsieur Ibrahim
et les fleurs du Coran

Éric-Emmanuel Schmitt

Il est né en 1960. Il est diplômé de l'École Normale Supérieure, agrégé de philosophie et auteur d'une thèse : *Diderot ou la philosophie de la séduction*. Il est d'abord connu pour son théâtre : *La Nuit des Valognes* (1991), *Le Visiteur* (1993), qui reçoit le Prix Molière 1994 du meilleur auteur, *L'École du diable* (1996). Ses pièces sont beaucoup jouées en France et à l'étranger. En 2001, il reçoit le Prix du théâtre de l'Académie française pour l'ensemble de son œuvre. Il est aussi le scénariste d'une adaptation pour la télévision des *Liaisons dangereuses* de Laclos et d'*Aurélien* d'Aragon. Il écrit également des romans : *La Secte des égoïstes* (1994), *L'Évangile selon Pilate* (2000, grand prix des lectrices du magazine féminin *Elle*), *La Part de l'autre* (2001), *Monsieur Ibrahim et les fleurs du Coran*, adapté au cinéma en 2003, *Lorsque j'étais une œuvre d'art* (2002). Son œuvre, qui mêle le rire et le sérieux, est une réflexion sur la condition humaine.

Momo, 14 ans, est dans le magasin de Monsieur Ibrahim.

Lorsque j'ai commencé à voler mon père pour le punir de m'avoir soupçonné, je me suis mis aussi à voler monsieur Ibrahim. J'avais un peu honte mais, pour lutter contre ma honte, je pensais très fort, au moment de le payer : 5

Après tout, c'est qu'un Arabe !

Tous les jours, je fixais les yeux de monsieur Ibrahim et ça me donnait du courage.

Après tout, c'est qu'un Arabe !

– Je ne suis pas un arabe, Momo, je viens du Croissant d'Or. 10

J'ai ramassé mes commissions et suis sorti, groggy, dans la rue. Monsieur Ibrahim m'entendait penser ! Donc, s'il m'entendait penser, il savait peut-être aussi que je l'escroquais ?

Le lendemain, je ne dérobai aucune boîte mais je lui demandai :

– C'est quoi, le Croissant d'Or ? 15

J'avoue que, toute la nuit, j'avais imaginé monsieur Ibrahim assis sur la pointe d'un croissant d'or et volant dans un ciel étoilé.

– Cela désigne une région qui va de l'Anatolie jusqu'à la Perse, Momo.

Le lendemain, j'ajoutai en sortant mon porte-monnaie :

– Je ne m'appelle pas Momo, mais Moïse. »

Éric-Emmanuel Schmitt, *Monsieur Ibrahim et les fleurs du Coran*, Paris, Albin Michel, 2001.

Pour mieux comprendre

Voler : 1) prendre une chose qui ne nous appartient pas, **dérober, escroquer.** 2) se déplacer dans les airs comme les oiseaux.

Punir : on punit un enfant quand il a fait une bêtise.

M'avoir soupçonné : le père du jeune garçon pense qu'il lui vole de l'argent.

Avoir honte : ne pas être fier de soi, avoir une image très négative de soi-même.

Lutter : se défendre, combattre.

Fixais (v. *fixer* à l'imparfait) : regarder une personne droit dans les yeux.

ramasser : prendre les choses achetées (**commissions**).

Groggy : se sentir très mal.

Avoue (v. *avouer*) : admettre.

Une pointe : l'extrémité d'un des deux côtés de la lune (le **croissant d'or** : une demi-lune).

Ajoutai (v. *ajouter* au passé simple) : dire encore.

Le Coran : le livre sacré pour les Musulmans, comme la Bible pour les Chrétiens et la Torah pour les Juifs.

Découverte

1 Comment le texte est-il composé ? Combien y a-t-il de parties ? Numérotez-les.

2 Lisez le titre en bas du passage : de qui et de quoi parle-t-on ? Qu'imaginez-vous à partir de ce titre ?

3 Regardez les deux premiers mots du titre. Repérez-les dans le texte et soulignez-les. Combien de fois sont-ils répétés ?

4 Lisez le texte. Dernière ligne : comment s'appelle le narrateur (la personne qui raconte et qui dit « je ») ? Dites avec vos mots ce que vous avez compris.

Exploration

1 Lisez la première phrase jusqu'à la virgule. Qu'a fait le narrateur ? Pourquoi a-t-il fait cela ? Dans la suite de la phrase, que fait-il à nouveau ? Quelle autre personne est concernée par cet acte ?

2 Dans la deuxième phrase, soulignez le mot répété. Quel est le sentiment du narrateur ?

3 Soulignez la première phrase en italique (écriture penchée). À votre avis, pourquoi est-elle écrite de cette manière ? Qui parle et à qui ? Par quels mots « monsieur Ibrahim » est-il remplacé ? Que pensez-vous de cette remarque ?

4 Partie 3 : qu'est-ce qui donne du courage au narrateur ? Que pensez-vous de son attitude ?

5 Que se passe-t-il juste après la deuxième phrase en italique ? Les deux personnages se sont-ils parlé ? Sur quoi monsieur Ibrahim n'est-il pas d'accord ? D'où vient-il ? Quelle est cette région ? (aidez-vous vous de sa deuxième réplique).

6 Parties 7-8-9 : qu'est-ce que le narrateur ne fait plus ? Quelle question pose-t-il à monsieur Ibrahim ? Que remarquez-vous sur les différentes graphies de cette expression ? Pour le petit garçon, que représente « le Croissant d'Or » ?

7 « J'ai ramassé… l'escroquais » : le jeune garçon réagit vite : que fait-il ? Quel adjectif et quelles expressions répétées montrent sa peur ? Qu'est-ce qui est drôle dans cette partie ?

8 Monsieur Ibrahim utilise le diminutif du prénom du jeune garçon : Momo. Quelle est la dernière réplique du narrateur ? Que veut-il faire comprendre à Monsieur Ibrahim ?

9 Selon vous, que va-t-il se passer entre l'homme du Croissant d'Or et Moïse ?

Pars vite
et reviens tard

Fred Vargas

Elle brille dans un genre littéraire où les femmes commencent à être reconnues : le roman policier.

Elle est née à Paris en 1957, d'une mère scientifique et d'un père, « véritable encyclopédiste humaniste ». Après des études d'histoire, elle devient archéologue, spécialiste du Moyen Âge. À partir de 1986, elle commence à écrire des romans policiers qui ont beaucoup de succès : *Debout les morts* (1995), Prix Mystère de la Critique, *L'Homme à l'envers* (1999), Grand Prix du roman noir de Cognac. *Pars vite et reviens tard* a reçu le Prix des Libraires et s'est vendu à plus de 50 000 exemplaires. Elle est aussi scénariste et dialoguiste d'une bande dessinée, *Les quatre fleuves* (Prix ALPH-ART du meilleur scénario au festival d'Angoulême). Son univers, étrange et poétique, est traversé par des personnages attachants, souvent marginaux, des historiens qui se font détectives, des policiers qui doutent.

À Paris, dans les années 1990, le commissaire Adamsberg a arrêté un suspect ; il l'interroge.

– **D**amas Viguier, commença Adamsberg en consultant sa carte d'identité usée, vous êtes accusé des meurtres de cinq personnes.

– Pourquoi ? dit Damas.

– Parce que vous êtes accusé, répéta Adamsberg.

– Ah bon. Vous me dites que j'ai tué des gens ?   5

– Cinq, dit Adamsberg en disposant sous ses yeux les photos des victimes et en les nommant, les unes après les autres.

– Je n'ai tué personne, dit Damas en les regardant. Je peux m'en aller ? ajouta-t-il aussitôt en se levant.

– Non, vous êtes en garde à vue. Vous pouvez passer un coup   10
de téléphone.

Damas regarda le commissaire d'un air interdit.

– Mais j'en passe quand je veux, des coups de téléphone, dit-il.

– Ces cinq personnes, dit Adamsberg en lui montrant les photos une à une, ont toutes été étranglées dans la semaine. Quatre à Paris,   15
la dernière à Marseille.

– Très bien, dit Damas en se rasseyant.

– Les reconnaissez-vous, Damas ?

– Bien sûr.

– Où les avez-vous vues ?   20

– Dans le journal.

Fred Vargas, *Pars vite et reviens tard*, Paris, Éditions Viviane Hamy, 2001.

Pour mieux comprendre

Un(e) commissaire : un policier important qui recherche des personnes qui ont tué.

Un(e) suspect(e) : une personne soupçonnée d'un crime, **accusée** d'avoir tué quelqu'un, mais on n'est pas sûr.

Un meurtre : l'action de tuer une personne ; un crime. La personne tuée est **une victime**.

Être en garde à vue : rester quelques heures dans un commissariat pour être interrogé, quand on est arrêté.

Interdit : stupéfait, qui ne comprend pas.

Étranglé(e) : quand on serre très fort le cou d'une personne, elle ne peut plus respirer et meurt étranglée.

Découverte

1 Lisez le chapeau : où et quand se passe l'histoire ? Comment s'appelle le personnage ? Quel est son métier ? Qu'est-il en train de faire ?

2 Lisez la première phrase de la biographie de l'auteur. Quel genre littéraire vous est proposé ?

3 Quel est le titre du livre d'où ce passage est extrait ? Comment le comprenez-vous ?

4 Regardez le passage choisi. Quel type de texte allez-vous lire ? Numérotez chaque partie qui commence par un tiret.

5 Lisez le passage jusqu'à « Marseille ». Comment s'appelle le suspect ?

Exploration

1 Repérez les verbes au passé simple qui montrent que les personnages parlent. Quel est le verbe le plus utilisé ? Quel est celui qui indique le début de l'interrogatoire et ceux qui indiquent que l'interrogatoire avance ?

....

2 Première phrase : de quoi le commissaire accuse-t-il le suspect ?

....

3 Répliques 2 et 3 : quelle est la réaction du suspect à cette accusation ? Quelle est la réponse du commissaire ? La trouvez-vous logique, stupide, surprenante… ?

....

4 Que montre Adamsberg au suspect ? Qu'est-ce qu'il y a sur ces documents ? Que dit le commissaire par rapport à ces documents ? Pourquoi à votre avis ? (répliques 5 et 9).

....

5 Réplique 6 : que répond Damas aux accusations du commissaire ? Quelle question pose-t-il après sa réponse ? Qu'en pensez-vous ?

....

6 Quand une personne est « en garde à vue », elle peut téléphoner à quelqu'un (ami, avocat…). Les paroles du commissaire rappellent ses droits au suspect. Comment comprenez-vous la réplique de Damas : il ne comprend pas pourquoi il a été arrêté ? Il se moque du commissaire ?

....

7 Lisez la dernière partie du texte (à partir de la réplique 10). Quelle réponse du suspect peut donner raison au commissaire ? Quelle réponse peut le rendre moins sûr que Damas ait tué ces personnes ?

....

8 À votre avis, le commissaire a-t-il fait un bon interrogatoire ? Justifiez votre réponse.

Entrées
par genres

Autobiographie
- Gary, Romain : *La Promesse de l'aube*, 1960.
- Sartre, Jean-Paul : *Les Mots*, 1964.
- Begag, Azouz : *Le Gone du Chaâba*, 1986.
- Amrouche, Marguerite Taos, *Solitude ma mère*, 1995.

Conte philosophique
- Voltaire : *L'Ingénu*, 1767.

Correspondance
- Flaubert, Gustave : *Correspondance*, 1872.

Épître
- Marot, Clément : *L'Adieu envoyé aux dames de la cour* in *Les Épîtres*, 1537.

Fable
- La Fontaine, Jean de : *La Cigale et la Fourmi*, livre I, fable 1, 1668.

Maxime
- La Bruyère, Jean de : *Les Caractères*, 1688.

Nouvelle
- Mérimée, Prosper : *Mateo Falcone*, 1829.
- Maupassant, Guy de : *Le papa de Simon* in *L'Enfant et autres histoires de famille*, 1879.
- Le Clézio, Jean-Marie Gustave : *Lullaby* in *Mondo et autres histoires*, 1978.
- Djebar, Assia : *Oran, langue morte*, 1987.

Pochoir
- Miss-Tic : *Je ne fais que passer*, 1998.

Poésie
- Aucassin et Nicolette, *chant 27*, fin XIIe/début XIIIe siècle, traduction de Jean Dufournet.
- Pisan, Christine de : *Seulette suis* in *Cent ballades*, 1394-1399.
- Ronsard, Pierre de : *Chanson* in *Nouvelle continuation des amours*, première partie : *Amours de Marie*, 1556.
- Musset, Alfred de : *Dans Venise la rouge* in *Contes d'Espagne et d'Italie*, 1810-1857.
- Nerval, Gérard de : *Une Allée du Luxembourg* in *Odelettes*, 1832-1835.
- Desbordes-Valmore, Marceline : *Les Roses de Saadi*, vers 1848 in *Poésies inédites*, 1860.
- Baudelaire, Charles : *L'Invitation au voyage* in *Les Fleurs du mal*, 1857.
- Verlaine, Paul : *Chanson d'automne* in *Poèmes saturniens*, 1866.
- Rimbaud, Arthur : *Sensation* in *Poésies*, 1868-1870.
- Cendrars, Blaise : *Prose du Transsibérien et de la petite Jehanne de France*, 1913.
- Apollinaire, Guillaume : *Poèmes à Lou*, 1915.
- Claudel, Paul : *Cent phrases pour éventails*, 1942.
- Prévert, Jacques : *Familiale* in *Paroles*, 1946.
- Éluard, Paul : *Air vif* in *Le Phénix*, 1951.
- Soupault, Philippe : *Tant de Temps* in *Sans phrases*, 1953.
- Tardieu, Jean : *Conversation* in *Le Fleuve caché*, 1968.
- Roy, Claude : *L'enfant qui battait la campagne* in *Enfantasques*, 1974.

- Gamaleya, Boris : *Le Fanjan des Pensées, Zanaar parmi les coqs*, 1987.

Roman épistolaire

- Montesquieu : *Lettres persanes*, lettre 23, 1721.
- Rousseau : *Julie ou la Nouvelle Héloïse*, lettre 26, 1761.

Roman

- Diderot, Denis : *Le Neveu de Rameau*, 1762.
- Balzac, Honoré de : *La Comédie humaine*, 1829-1848.
- Hugo, Victor : *Notre-Dame de Paris*, 1831.
- Sand, George : *Consuelo*, chapitre 8, 1842.
- Zola, Émile : *Les Rougon-Macquart*, 1869-1893.
- Vallès, Jules : *L'Enfant*, 1879.
- Proust, Marcel : *À la recherche du temps perdu*, 1909-1927.
- Céline, Louis-Ferdinand : *Voyage au bout de la nuit*, 1932.
- Vian, Boris : *L'Écume des jours*, 1947.
- Sagan, Françoise : *Bonjour tristesse*, 1954.
- Cohen, Albert : *Le Livre de ma mère*, 1954.
- Sartre, Jean-Paul : *Les Mots*, 1964.
- Yourcenar, Marguerite : *L'Œuvre au Noir*, 1968.
- Bâ, Mariama : *Une si longue lettre*, 1979.
- Condé, Maryse : *Moi, Tituba sorcière…*, 1986.
- Ernaux, Annie : *Une femme*, 1987.
- Nothomb, Amélie : *Stupeur et tremblements*, 1999.
- Kourouma, Ahmadou : *Allah n'est pas obligé*, 2000.
- Quignard, Pascal : *Terrasse à Rome*, 2000.
- Sijie, Dai : *Balzac et la petite tailleuse chinoise*, 2000.
- Orsenna, Éric : *La grammaire est une chanson douce*, 2001.
- Schmitt, Éric-Emmanuel : *Monsieur Ibrahim et les fleurs du Coran*, 2001.

Roman policier

- Fred Vargas : *Pars vite et reviens tard*, 2001.

Théâtre

- Molière : *Le Bourgeois gentilhomme*, acte II, scène 4, 1670.
- Racine, Jean : *Iphigénie*, acte III, scène 5, 1674.
- Jarry, Alfred : *Ubu roi*, acte III, scène 2, 1896.
- Cocteau, Jean : *La Machine infernale*, 1934.
- Anouilh, Jean : *Antigone*, 1944.
- Camus, Albert : *Le Malentendu*, acte I, scène 1, 1944.
- Sarraute, Nathalie : *C'est beau*, 1975.
- Reza, Yasmina : *Trois variations de la vie*, 2000.

Entrées par thèmes

AMITIÉ
- Flaubert, Gustave : *Correspondance*, 1872.
- Djebar, Assia : *Oran, langue morte*, 1987.

AMOUR
- Pisan, Christine de : *Seulette suis* in *Cent ballades*, 1394-1399.
- Ronsard, Pierre de : *Chanson* in *Nouvelle continuation des amours*, première partie : *Amours de Marie*, 1556.
- Rousseau, Jean-Jacques : *Julie ou la Nouvelle Héloïse*, lettre 26, 1761.
- Hugo, Victor : *Notre-Dame de Paris*, 1831.
- Sand, George : *Consuelo*, chapitre 8, 1842.
- Desbordes-Valmore, Marceline : *Les Roses de Saadi*, vers 1848 in *Poésies inédites*, 1860.
- Baudelaire, Charles : *L'Invitation au voyage* in *Les Fleurs du mal*, 1857.
- Apollinaire, Guillaume : *Poèmes à Lou*, 1915.
- Éluard, Paul : *Air vif* in *Le Phénix*, 1951.
- Amrouche, Marguerite Taos : *Solitude ma mère*, 1995.
- Quignard, Pascal : *Terrasse à Rome*, 2000.
- Orsenna, Éric : *La grammaire est une chanson douce*, 2001.

CONVERSATION
- Tardieu, Jean : *Conversation* in *Le Fleuve caché*, 1968.
- Sarraute, Nathalie : *C'est beau*, 1975.
- Reza, Yasmina : *Trois variations de la vie*, 2000.

CRITIQUE SOCIALE ET POLITIQUE
- La Fontaine, Jean de : *La Cigale et la Fourmi*, livre I, fable 1, 1668.
- La Bruyère, Jean de : *Les Caractères*, 1688.
- Montesquieu : *Lettres persanes*, lettre 23, 1721.
- Balzac, Honoré de : *La Comédie humaine*, 1829-1848.
- Zola, Émile : *Les Rougon-Macquart*, 1869-1893.
- Jarry, Alfred : *Ubu roi*, acte III, scène 2, 1896.
- Céline, Louis-Ferdinand : *Voyage au bout de la nuit*, 1932.
- Condé, Maryse : *Moi, Tituba sorcière…*, 1986.
- Sijie, Dai : *Balzac et la petite tailleuse chinoise*, 2000.

DÉPART
- Marot, Clément : *L'Adieu envoyé aux dames de la cour* in *Les Épîtres*, 1537.
- Rousseau, Jean-Jacques : *Julie ou la Nouvelle Héloïse*, lettre 26, 1761.
- Djebar, Assia : *Oran, langue morte*, 1987.

ÉDUCATION / ÉCOLE
- Diderot, Denis : *Le Neveu de Rameau*, 1762.
- Vallès, Jules : *L'Enfant*, 1879.
- Sagan, Françoise : *Bonjour tristesse*, 1954.
- Roy, Claude : *L'enfant qui battait la campagne* in *Enfantasques*, 1974.
- Le Clézio, Jean-Marie Gustave : *Lullaby* in *Mondo et autres histoires*, 1978.

• Begag, Azouz : *Le Gone du Chaâba*, 1986.
• Ernaux, Annie : *Une femme*, 1987.

ENFANCE / FAMILLE
• Mérimée, Prosper : *Mateo Falcone*, 1829.
• Maupassant, Guy de : *Le papa de Simon* in *L'Enfant et autres histoires de famille*, 1879.
• Vallès, Jules : *L'Enfant*, 1879.
• Camus, Albert : *Le Malentendu*, acte I, scène 1, 1944.
• Prévert, Jacques : *Familiale* in *Paroles*, 1946
• Cohen, Albert : *Le Livre de ma mère*, 1954.
• Gary, Romain : *La Promesse de l'aube*, 1960.
• Sartre, Jean-Paul : *Les Mots*, 1964.
• Le Clézio, Jean-Marie Gustave : *Lullaby* in *Mondo et autres histoires*, 1978.
• Ernaux, Annie : *Une femme*, 1987.
• Kourouma, Ahmadou : *Allah n'est pas obligé*, 2000.
• Reza, Yasmina : *Trois variations de la vie*, 2000.

L'ÉTRANGER/ L'ÉTRANGÈRE
• Voltaire : *L'Ingénu*, 1767.
• Montesquieu : *Lettres persanes*, lettre 23, 1721.
• Hugo, Victor : *Notre-Dame de Paris*, 1831.
• Camus, Albert : *Le Malentendu*, acte I, scène 1, 1944.
• Nothomb, Amélie : *Stupeur et tremblements*, 1999.
• Schmitt, Éric-Emmanuel : *Monsieur Ibrahim et les fleurs du Coran*, 2001.

GUERRE
• Céline, Louis-Ferdinand : *Voyage au bout de la nuit*, 1932.
• Prévert, Jacques : *Familiale* in *Paroles*, 1946

JEU D'ÉCRITURES
• Apollinaire, Guillaume : *Poèmes à Lou*, 1915.
• Claudel, Paul : *Cent phrases pour éventails*, 1942.
• Miss-Tic : Pochoir in *Je ne fais que passer*, 1998.

MALADIE
• Vian, Boris : *L'Écume des jours*, 1947.

MORT
• Racine, Jean : *Iphigénie*, acte III, scène 5, 1674.
• Céline, Louis-Ferdinand : *Voyage au bout de la nuit*, 1932.
• Anouilh, Jean : *Antigone*, 1944.
• Vian, Boris : *L'Écume des jours*, 1947.
• Yourcenar, Marguerite : *L'Œuvre au Noir*, 1968.
• Condé, Maryse : *Moi, Tituba sorcière…*, 1986.
• Fred Vargas : *Pars vite et reviens tard*, 2001.

MYTHOLOGIE
• Racine, Jean : *Iphigénie*, acte III, scène 5, 1674.
• Cocteau, Jean : *La Machine infernale*, 1934.
• Anouilh, Jean : *Antigone*, 1944.

PHONÉTIQUE
• Molière : *Le Bourgeois gentilhomme*, acte II, scène 4, 1670.

RENCONTRE
• Mérimée, Prosper : *Mateo Falcone*, 1829.
• Nerval, Gérard de : *Une Allée du Luxembourg* in *Odelettes*, 1832-1835.
• Schmitt, Éric-Emmanuel : *Monsieur Ibrahim et les fleurs du Coran*, 2001.

RÊVE
• Nerval, Gérard de : *Une Allée du Luxembourg* in *Odelettes*, 1832-1835.

• Baudelaire, Charles : *L'Invitation au voyage* in *Les Fleurs du mal*, 1857.
• Rimbaud, Arthur : *Sensation* in *Poésies*, 1868-1870.
• Gamaleya, Boris : *Le Fanjan des Pensées, Zanaar parmi les coqs*, 1987.
• Miss-Tic : Pochoir in *Je ne fais que passer*, 1998.

RÉVOLTE
• Vallès, Jules : *L'Enfant*, 1879.
• Anouilh, Jean : *Antigone*, 1944.
• Yourcenar, Marguerite : *L'Œuvre au Noir*, 1968.
• Roy, Claude : *L'enfant qui battait la campagne* in *Enfantasques*, 1974.
• Bâ, Mariama : *Une si longue lettre*, 1979.
• Miss-Tic : *Je ne fais que passer*, 1998.
• Sijie, Dai : *Balzac et la petite tailleuse chinoise*, 2000.

SOLITUDE/ TRISTESSE
• Pisan, Christine de : *Seulette suis* in *Cent ballades*, 1394-1399.
• Marot, Clément : *L'Adieu envoyé aux dames de la cour* in *Les Épîtres*, 1537.
• Rousseau, Jean-Jacques : *Julie ou la Nouvelle Héloïse*, lettre 26, 1761.
• Verlaine, Paul : *Chanson d'automne* in *Poèmes saturniens*, 1866.

• Amrouche, Marguerite Taos : *Solitude ma mère*, 1995.
• Quignard, Pascal : *Terrasse à Rome*, 2000.

SOUVENIR / TEMPS
• Proust, Marcel : *À la recherche du temps perdu*, 1909-1927.
• Soupault, Philippe : *Tant de Temps* in *Sans phrases*, 1953.

VOYAGE
• Montesquieu : *Lettres persanes*, lettre 23, 1721.
• Musset, Alfred de : *Dans Venise la rouge* in *Contes d'Espagne et d'Italie*, 1810-1857.
• Baudelaire, Charles : *L'Invitation au voyage* in *Les Fleurs du mal*, 1857.
• Rimbaud, Arthur : *Sensation* in *Poésies*, 1868-1870.
• Cendrars, Blaise : *Prose du Transsibérien et de la petite Jehanne de France*, 1913.
• Céline, Louis-Ferdinand : *Voyage au bout de la nuit*, 1932.
• Yourcenar, Marguerite : *L'Œuvre au Noir*, 1968.
• Orsenna, Éric : *La grammaire est une chanson douce*, 2001.
• Gamaleya, Boris : *Le Fanjan des Pensées, Zanaar parmi les coqs*, 1987.

Entrées
par auteurs

Glossaire

Académie française (l') : une institution fondée en 1635 par le cardinal Richelieu pour promouvoir la langue française. Elle fait des dictionnaires : le premier date de 1692 et le dernier de 1992. Elle fixe les règles, l'orthographe de la langue.

Acte (un) : une partie d'une pièce. Un acte est composé de scènes. Les pièces classiques ont cinq actes.

Athéisme (l') : le fait de ne pas croire en Dieu (voir Diderot).

Bohème (un) : 1) un bohémien est une personne pauvre, sans argent ni maison ni pays. 2) un artiste qui n'est pas d'accord avec les règles de la société, qui vit librement, qui « mène une vie de bohème » (voir Rimbaud).

Chapeau (un) : une information écrite en italique par l'auteur d'un manuel, placée au-dessus du texte, qui aide à comprendre le passage proposé.

Croisades (les) : au Moyen Âge, les Chrétiens sont partis pour libérer des Lieux saints (le tombeau du Christ à Jérusalem) occupés par les Turcs (dynastie des Seljoukides). Les Croisades ont lieu du XIe au XIIIe siècle.

Dandy (un) : un homme qui prend soin de lui, qui est d'une grande élégance ; une manière d'être qui accorde une grande importance à la beauté.

Dénoncer : écrire, montrer que l'on n'est pas d'accord avec une idée, une situation.

Didascalie (une) : une indication que le dramaturge donne sur les personnages, les décors, les costumes.

Dramaturge (un/e) : une personne qui écrit des pièces de théâtre.

Épître (une) : un poème qui s'adresse à une personne précise et parle des sentiments, des opinions de l'auteur(e) (voir Marot).

Essayiste (un/e) : un (e) auteur(e) qui écrit des essais, qui analyse librement des idées, des manières de vivre…

Évoquer : rappeler (à l'esprit), représenter pour soi-même, vouloir dire.

Exposition (une) : le début, la première scène d'une pièce, qui donne des indications sur le temps, le lieu, les personnages, leurs rôles.

Fable (une) : un poème qui commence ou se termine par une morale (voir La Fontaine).

Genre (un) : les écrits littéraires sont classés par catégorie, par genre : théâtre, poésie, roman, essai…

Homonyme (un) : un mot qui se prononce de la même manière qu'un autre mot. Ex : « Tant de temps » (Soupault).

Honnête homme (un) : au XVIIe siècle, une personne qui respecte les lois, la vertu, qui se conduit bien et est cultivée.

Italiques (des) : les lettres (inventées en Italie) qui sont penchées vers la droite.

Libertin (un) : une personne qui refuse les règles sociales et religieuses et veut agir selon la raison ; un libre penseur.

Lyrisme (le) : une manière d'exprimer avec passion ses sentiments, ses émotions.

Maxime (une) : une phrase courte qui exprime une vérité générale (voir La Bruyère).

Narrateur (un), narratrice (une) : la personne qui raconte l'histoire.

Œuvre (une) : un livre ou l'ensemble des livres écrits par un(e) auteur(e).

Pamphlet (un) : un écrit (discours) violent, satirique, qui critique la société, la religion, une personne.

Point de vue (un) : une manière de voir.

Prix littéraires français :

 – **Le prix Goncourt** : créé en 1903 par Jules et Edmond Goncourt. C'est un prix très prestigieux qui récompense chaque année le meilleur roman d'imagination.

– Le prix Fémina : créé en 1904 en réaction à l'Académie Goncourt, jugée misogyne. Le jury est féminin et récompense les meilleurs romans. Depuis 1986, il y a un prix Fémina étranger.

– Le prix Renaudot : créé en 1925 par des journalistes, il est décerné à un(e) auteur(e) de nouvelles.

– Le prix Médicis : créé en 1958, il récompense un roman, un récit, un recueil de nouvelles au style original.

Repérer : retrouver un mot dans un texte.

Réplique (une) : la réponse d'un personnage (parfois très longue) donnée dans un échange, un dialogue.

Rimes (les) : les sons qui se répètent en fin de vers. Ex : « J'ai voulu ce matin te rapporter des **roses** ; / Mais j'en avais tant pris dans mes ceintures cl**oses** » (M. Desbordes-Valmore).

Satire (une) : un discours (poème, récit) qui critique les vices, les défauts d'une époque (voir La Bruyère).

Scène (une) : 1) le lieu où les comédiens jouent devant le public. 2) Une partie d'un acte.

Strophe (une) : un ensemble de plusieurs vers.

Troubadour (un) : au Moyen Âge, c'est un poète qui écrit des poèmes sur l'amour courtois et les aventures des chevaliers. Ces poèmes sont chantés. Le troubadour vient du sud de France et parle la langue d'oc.

N° d'éditeur : 10124502 - CGI - Mai 2005 - Imprimé en France par Mame.